A HISTORY OF
ISLAM IN 21 WOMEN

UNDER THE VEIL

面紗之下

二十一位女性的伊斯蘭世界史

胡塞因·卡瑪利——著　　苑默文——譯

目次

推薦序

二〇一九年國際奧會及聯合國女性與運動世界獎得主／穆斯林
劉柏君（索非亞）

談及伊斯蘭教不免就與墨守陳規、壓迫女性等刻板印象連接，時至今日各地的穆斯林女性依舊在生活與信仰中奮戰，畢竟絕多數的歷史是由男性撰寫的，即使有少部分記載女性的故事，也難以脫離由男性眼光的詮釋。可能伊斯蘭教在台灣的陌生，因而難以理解體會，那麼舉另一個在性別平權奮戰的領域：「體育運動」，或許更能幫助理解。運動崇尚陽剛文化，這與沙漠和部落文化有相似背景，目前體育運動領域仍面對性別的挑戰，包含除了刻板印象、報導比例不足、過度關注女性運動員的外表而非能力及運動成績，因此國際奧會改革宣示著達成性平目標並頒布媒體指引，回到奧林匹克體育運動的精神：「在著重友誼、團結和公平競爭的精神下達致相互理解的前提下進行體育運動，藉此來教育青年，以促成建設一個和平、臻善的世界。」

回到伊斯蘭誕生時的精神，阿拉伯半島充斥著重利忘義、細故爭戰、武力剝削的「蒙昧時代」，如同貝都因人流行的四句詩：「我們以劫掠為職業，劫掠我們的敵人和鄰居，倘若無人供我們劫掠，我們就去劫掠我們的弟兄。」在崇尚男子氣概的部落社會，女性談不上生命權，甚至被當作牲畜交易，因此在《古蘭經》闡明女性生命權、財產權、受教權時，被訕笑質疑：「難道我要把遺產分給我的駱駝嗎？」回到伊斯蘭誕生的原始精神，對於女性的肯定與保障都是震撼時代的創舉。

然而七世紀誕生的伊斯蘭教經歷不停歇的擴張征戰，最高法源《古蘭經》在先知默罕默德歸真後二十多年才編撰完成，直到八世紀開始將教法做整理系統化，作為僅次於《古蘭經》的第二法源的《聖訓》，也就是先知默罕默德的生平與言行紀錄則是在十一世紀完成六大聖訓集的定本，然而伊斯蘭是什麼？這一千三百多年來，學者和穆斯林們都仍在摸索體會中，用自己的有限去接近真主的無限。

然而今日我們聽聞的伊斯蘭絕多數是由男性所撰寫與詮釋，但並不代表女性是不存在的，著名的英國學者阿卡蘭（Akram）研究《女聖訓專家：伊斯蘭教的女性學者》*記錄超過九千名的女性，這代表實際上是更多的，這些女性楷模的存在正彰顯著伊斯蘭原初的精神：「普慈特慈的造物主對人類及萬物的慈憫。」造物主對被造物的愛護是無邊際的，女性當然也是，而在充滿挑戰與考驗的今世，宗教是讓我們容易的，然而是人們把宗教變艱難了。

知曉女性的故事是讓女性在生活中實踐宗教最大的鼓勵，因此本書《面紗之下》的重要性不言可喻，我相信 **if she can see it, she can be it**，期待更多女性被看見、更多女性書寫自己的信仰、更多女性活出自己美麗的人生。

＊ 編按：關於阿卡蘭的生平與研究，可參見卡拉・鮑爾（Carla Power），《古蘭似海：用生活見證伊斯蘭聖典的真諦》（八旗，二〇一七年）。

前言

我是在倫敦的一個聖誕節早晨，起了動筆寫這本《面紗之下：二十一位女性的伊斯蘭世界史》的念頭。當時我和朋友聊到了女性如何推動世界的歷史性變革，他拿了本題為《二十一位女性的英國史》的書給我看。我提議，正是時候寫一本同樣關注女性影響的伊斯蘭歷史。不出幾日，我就開始計畫寫作這本書，而沒過多久，我就拿到了作者合約。

這本書是要邀請讀者來思考整體的伊斯蘭通史，以及女性在其中的積極且關鍵的作用。本書的敘事從伊斯蘭最先落地生根的西元七世紀阿拉伯半島開始，一直持續到此時此刻，全球十多億人都認為伊斯蘭是自己的宗教和文化。

有一些人假定，伊斯蘭教就像世界上其他的一些宗教一樣，把母職和管理家務這類「安靜」的角色分配給女性。對這些人來說，以女性為主角來組織一部伊斯蘭歷史，似乎是一項無法想像或注定徒勞無功的任務。家務工作值得歷史學家關注嗎？答案是肯定的。無論是在任何地方或歷史上的任何時期，如果把女性的歷史噤聲了，就代表歷史分析得不夠到位。女性的歷史就是人類的歷史。

我在此邀請正在閱讀的你加入一趟激動人心的知識之旅，目的是要導正歷史的紀錄。我們的出發點在於，在過去和現今，女性都塑造了伊斯蘭歷史的許多層面，她們應該在歷史敘事中占據更重要的位置。認識所有這些過去的例子後，我們將會了解到，要去鼓勵女性在伊斯蘭的現在和未來扮演更加外顯且有力的角色，是我們這個時代必須面對的議題。

以下的篇幅是透過二十一位女性的生平概述，來介紹伊斯蘭歷史上環環相扣的事件。寰宇出版社（Oneworld Publications）設定了我的寫作規則，規定了「二十一」這個數字，從而能與珍妮·莫瑞（Jenni Murray）廣受歡迎的《二十一位女性的英國史》（二〇一六年出版）和《二十一位女性的世界史》（二〇一八年）首開先鋒的系列標題一致。數字「二十一」也暗示了這些故事和我們所處的二十一世紀相關。

設定一個數字來寫歷史，是以特定數量的人物、時期或物件為中心來組織歷史敘事，這麼做能夠兼具娛樂性和豐富性。這是當今一種流行的做法，記者（也就是歷史學家比較媚俗的同事）經常運用「清單體」來傳遞訊息，這類文章的結構就像編號的清單一樣，譬如說「全球氣候變遷的七個徵兆」、「必買的九支紅利股票」、「三十天內減掉二十磅的十種方法」等等。然而，就像數字油畫一樣，設定一個數字來寫歷史有其優勢，但也有其限制。

在這本書中，我把這二十一篇生平故事當作一個個指標。這些故事涵蓋的幅員遼闊，從阿拉伯半島和印度，到西班牙、北非和奈及利亞；從埃及和敘利亞，到土耳其、印尼和俄羅斯；從伊朗和伊拉克，到英國、美國以及其他國家。我所選擇書寫的女性包含宗教典範和政治權威，她們的身分太過多元，無法代表單一的典範或理想型，而且她們很少在一般的伊斯蘭通史中一起出現。

因為我希望這本書能夠成為廣泛的邀請，鼓勵人們更加了解女性在伊斯蘭歷史所扮演的角色，所以我避開其中某些人涉及的爭議，並試圖忠實於原始資料，同時也借助了當代學術研究的成果。本書的人物生平按照時間先後排序，從五位宗教典範開始，到八位統治者，再到參與殖民時代信仰運動的四位女性，而最後的四個人物對伊斯蘭教的投入，可以說已經跟她們在現代世界的事業沒有關聯。這一連串的故事大致反映了現有文獻中記錄的伊斯蘭歷史演變。西元七至十一世紀間留存至今的資料，很多是關於虔信或帶來靈性啟發的模範人物，而我們無法完全釐清這些材料中有多少內容是史實。至於十一至十七世紀這段時期，我們就握有明確的證據，可以去了解那些身分可以識別的女性歷史人物的生活。有多部編年史描述了幾位穆斯林女王、攝政者和其他女性的行動，她們在當時掌握著政治和軍事權力。許多「西方」或東方主義者所撰寫的伊斯蘭歷史都止於十七世紀，但從十九世紀以降，穆斯林社會與歐洲（或者說定義模糊的所謂「西方」）之間具有挑戰性的衝突，已經激起改革伊斯蘭的頻繁呼聲。民族主義經常試圖以新的條件，重新定義和協調性別關係，女性甚至在從事愈來愈多種類的世俗職業的同時，也參與了改革運動。這種活躍程度的重大轉變影響了當代文獻中呈現女性的方式。

我將在本書的後記中再次討論我使用的資料來源，延伸閱讀也會列出一些關於本書女性的生平和時代更深入的研究。除非有標注是他人的譯作，書中所有的翻譯都是我親自完成的。整本書我都盡可能減少附注的數量。

第一章

第一位信士——哈蒂嘉

生卒年約五六〇至六一九年

哈蒂嘉對他的使命堅信不疑，在最艱困的時刻支持著他，直到她嚥下最後一口氣。她見證了先知虔敬無染的心和聖潔高貴的精神，給予他真摯的人間之愛，並鞏固他的決心。在當今的時代，比以往任何時候都更需要強調，第一位接受先知訊息的人是一名女性。

哈蒂嘉（Khadija）是伊斯蘭的第一位信仰者，也就是第一位信士（mumin）。早在西元七世紀初，她就在伊斯蘭史上留下了自己的印記。她相信了她的丈夫——先知穆罕默德所帶來的訊息，甚至在先知尚未開始在阿拉伯城鎮麥加，公開呼籲眾人信仰唯一的神之前，她就已經相信了。哈蒂嘉對他的使命堅信不疑，在最艱困的時刻支持著他，直到她嚥下最後一口氣。她見證了先知虔敬無染的心和聖潔高貴的精神，給予他真摯的人間之愛，並鞏固他的決心。在當今的時代，比以往任何時候都更需要強調，第一位接受先知訊息的人是一名女性。

先知穆罕默德常常向哈蒂嘉尋求建議。她對他瞭若指掌，而他對她深信不疑。在先知決定肩負起他的使命、向他的族人傳播神的訊息之前，他和哈蒂嘉的婚姻就是他最寶貴的財富。在他尚未做出決定而驚慌失措時，他靠著哈蒂嘉撫慰人心的同理和智慧得到平靜。

喧囂熱鬧的麥加城是區域和長途貿易的中心，這裡隨處可見的不公不義、腐敗的道德和空虛的心靈，令年輕的穆罕默德灰心喪志。他稱呼這一切他所厭惡的現象為無知愚昧的黑暗，也就是所謂的蒙昧狀態（al-jahiliya）。

相較之下，哈蒂嘉則是他的北極星，給予他愛、光明與支持。有她在背後撐腰，穆罕默德在那裡力行善事，每個月總會花上幾天潛心冥思、投入信仰，如齋戒、祈禱和幫助他家鄉和周邊地區的窮人。

有時，穆罕默德會退隱到附近山丘的一座洞穴裡。回程時，他會先拜訪麥加城中心的聖地——卡巴聖壇（Kaaba），並繞行聖壇至少七次，口中反覆唸誦著：「我的主啊，我來了。一切讚頌都歸於祢。」

卡巴聖壇也被稱作「神的寓所」（Bayt-Allah），代表著麥加對神的敬意，其所在地距離哈蒂嘉的家和工作地點不到一個小時的步行路程。當地人相信，這座聖壇是《聖經》中的族長亞伯拉罕（易卜拉欣）*和他的長子以實瑪利（伊什瑪儀勒），為了榮耀主宰天堂和大地的神而建成的，同時他們也承認亞伯拉罕、以實瑪利和以撒（易斯哈格）所信仰的神。然而，到了七世紀，這座為獨一的神所建造的立方體紀念聖壇，功能變得像古羅馬的萬神殿一樣，成為了一座供奉多神的神廟。裡頭至少有一尊用紅褐色石頭（也許是紅玉髓）雕刻而成的大型塑像，端坐在一面簾幕後方。外頭則站著幾十尊其他的雕像、神像和塑像。在卡巴聖壇往東約四十步處，鑿有一口名為滲滲泉（Zamzam）的聖井。

七世紀時，也就是歷史學家所謂的古代晚期（Late Antiquity）的末期，有各式各樣的宗教信

＊編按：本書的《聖經》人物名採用台灣讀者較為熟悉的基督教譯法，首次出現時則會在括號中附注伊斯蘭教的阿拉伯文音譯譯名，供讀者參考。

仰和習俗在阿拉伯半島共存。在阿拉伯地區的西北部，即被稱為漢志（Hijaz）的地區，既有基督教徒，也有猶太教徒。然而，後來的穆斯林作家回溯編撰的資料指出，當時大多數人是異教徒或多神教徒，他們崇拜多位神祇，通常是敬拜木頭或石頭雕刻而成的偶像。許多阿拉伯部族在卡巴聖壇的裡面或外面，供奉著他們所喜愛的神祇的神像。在節日裡的固定時間，他們會聚集在這裡，舉行各種儀式，祈求保護和好運。除了卡巴聖壇之外，當地人還將許多其他地方視為聖地，包括沙漠山谷中的水井、泉水和溪流。人們從阿拉伯半島的遙遠角落來到麥加，最南遠至葉門，最東遠至一片廣闊沙漠的邊緣，那片沙漠被貼切地稱作「空蕩之境」（Empty Quarter）。

雖然麥加遠離當時位於君士坦丁堡和泰西封（Ctesiphon）的政治權力和商貿財富中心，但是它依然至關重要，尤其是在進入七世紀之際，阿拉伯半島在此時即將見證後來被稱為伊斯蘭的信仰誕生。

在西元六一〇年的一個夏夜，哈蒂嘉的丈夫當時年近四十，他照例去麥加附近的山洞避隱，但這次卻因故中斷。那天發生了一件無法解釋的事。大天使加百列（吉卜利勒）來拜訪他，並為亞伯拉罕所信仰的獨一之神捎來訊息。穆罕默德仍在驚慌失措時，便跌跌撞撞地跑回家。看到哈蒂嘉讓他安心許多，並向她傾訴了自己的遭遇：

加百列以夢境般的異象出現在我面前。他拿著一卷用錦緞密封的卷軸，上面寫著一些字。他告訴我：「快讀！」我問：「我應該讀什麼？」他緊緊抱住我，強迫我就範，就像死亡令我窒息。然後他放開了我，命令道：「快讀！」我懇求道：「我應該讀什麼？」[1]

阿拉伯文的原始敘述在此處的措辭令人費解，而英文的翻譯很難讓意義更清晰。在第三次這樣的往復之後，天使下達指令：

你應當宣讀！奉你的創造主之名，
祂曾用血塊創造人類。
你應當宣讀！你的主是最慷慨的，
祂曾教人用筆寫字，
祂曾教人知道自己所不知道的。[2]

穆罕默德告訴哈蒂嘉：「最後，我唸出這段文字，天使加百列就離開了。結束後，我感覺那些文字已經銘刻我心。」[3]

穆斯林的信仰傳統記載了這一重大的頓悟時刻，與不可言說且超驗的真實相遇，認為先知穆罕默德是在此時開啟他身為神的使者的使命——可稱之為「派使」（mab'ath）。天使加百列的指示成為穆斯林神聖經典《古蘭經》的一部分。關於《古蘭經》究竟是如何編纂的，各界說法不一，但是在先知穆罕默德逝世後的一個世代內，他的多數追隨者都認可它是神的話語最後且完整的紀錄。這些來自《古蘭經》啟示的早期內容概括了後來被稱為伊斯蘭教的一些基本要素：(1)強調神，也就是造物主；(2)創造萬物的奧祕；(3)人類對造物主的完全依存；(4)造物主的絕對慷慨；(5)伊斯蘭傳統中對知識、閱讀和寫作的重視。

由於不確定他看見的異象到底意味著什麼，穆罕默德很擔心。於是他尋求哈蒂嘉的建議。這可能是純粹的幻覺嗎？在麥加，眾所周知詩人會根據自己的夢境和妄想講出一些不著邊際的故事，而多數人都認為他們是被邪靈附身，是邪靈透過他們的肉身來說話。人們會聚集在一起聽這樣的詩人說話，但他們並不受尊重。在家中，穆罕默德坐在哈蒂嘉身邊，無論是實際上或精神上，他都倚靠著她。她慈愛地用一條毛毯裹住他，安撫他的情緒。她仔細聆聽他所講述的事情，並向他保證，他和那些詩人完全不同。她肯定神絕對不會欺騙一個幫助負債者擺脫債務重擔的人，不會欺騙一個餵養飢民的人，更不會欺騙一個只說真話、始終堅持正義的人。不，他並非詩人之流。她相信他所說的話，也相信他的為人。

哈蒂嘉是在十多年前嫁給穆罕默德的。穆罕默德的一切品格都讓她留下深刻的印象，因此她甚至不畏違背習俗，主動向他求婚。她在他身上看到了什麼特質？就他的外表而言，伊斯蘭傳統記載著先知穆罕默德是一個身材勻稱的男子，既不敦實，也不乾瘦，既不太高，也不太矮。他的額頭寬闊，有著彎彎的眉毛，一對寬眼窩托著黑色的眼珠，還有引人矚目的長睫毛。他的鬍鬚濃密，留著長頭髮。當他笑起來的時候（他總是笑面迎人），兩片嘴唇間露出潔白的牙齒。他的臉總是容光煥發。他走路時步伐輕快，身體微微前傾，好像是他在走下坡路一樣。人們特別喜歡和他交談，也能感受到他的領袖魅力。哈蒂嘉在他身上看到了這一切特質，而且還遠不止於此。

最早的先知書面傳記約成書於八世紀中葉，根據其記載，哈蒂嘉聽到了她丈夫的經歷之後，馬上就出發去調查情況。她站起身來，收拾身邊的衣物（這是阿拉伯文用來表達堅定決心的說法），去拜訪她的表親瓦拉嘎（Waraqa）尋求建議。瓦拉嘎聰慧且學識淵博，哈蒂嘉一直都很敬重他。在麥加，瓦拉嘎是一個小圈子的一員，這些人被稱作哈尼夫（hanif），意思是「純粹派」。這些哈尼夫自視為心意純正的求索真理之人，拒斥麥加普遍的宗教信仰和習俗，反倒去擁抱亞伯拉罕信仰體系的實踐方法，例如繞行卡巴聖壇、拒絕崇拜偶像等。儘管希伯來聖經（Hebrew Bible，摩西的經典）沒有完整的阿拉伯文譯本，但哈尼夫至少知道其中的部分內容。與此同時，他們尊敬耶穌，儘管他們並無法取得阿拉伯文版本的福音書，也不隸屬於任何基督教會。在哈尼夫信仰中，有個核心元素是他們期待在阿拉伯人中會降臨一位先知。

當哈蒂嘉轉述她丈夫的經歷後，瓦拉嘎驚訝地大喊：「天哪！天哪！他一定是那位眾所期盼的先知。」瓦拉嘎也許是回想起神選的使者將會收到密封的書卷，並且無法唸出上面的文字，他認定穆罕默德就是那位妥拉（Torah）和福音書中預示的先知。在幾句留存至今的詩句中，他表達了對這位眾所期待的先知終於現身的喜悅之情：

我鍥而不捨、堅持不懈
惦記著這預言，時常引人落淚。
而今，哈蒂嘉捎來確鑿的證據。
喔！哈蒂嘉啊！妳可知我已等候多時，
在麥加的山谷裡，期盼著
親眼見證妳的話語成真。[4]

瓦拉嘎認出這是先知到來的跡象，於是要哈蒂嘉鼓勵和支持她的丈夫。他也警告她，先知必將面臨來自神的敵人的反對，他們將迫害穆罕默德，指控他是騙子、詩人或瘋子，把他趕出他的家鄉。然而，他和那些追隨他的人走在唯一真主——亞伯拉罕和耶穌的神的道路上，終會得到救贖。瓦拉嘎的話振奮了哈蒂嘉的精神，但是他的警告令她憂心忡忡。她對麥加社會瞭如指掌，下定決心要保護她的丈夫，讓他安然無恙。

一如七世紀阿拉伯半島的大部分地區，麥加是個部族社會。社會資本和地位主要源自於部族歸屬，一個人的榮譽、財產，甚至單單是生活本身，在很大程度上都要仰賴他們所屬的部族。一個被部族拋棄的人會面臨各種可怕的局面，一如穆罕默德這樣的孤兒，儘管他隸屬於一個強大的部族，生活依然提心吊膽。因此，哈蒂嘉是他的保護傘。身為一位擁有傑出部族血統的富有女性，四十多歲的哈蒂嘉在麥加是一股不可忽視的力量。在她丈夫最脆弱的時候，她利用自己的地位來支持他。這說明了哈蒂嘉的什麼人格特質呢？

先知穆罕默德和哈蒂嘉都出身於古萊須族（Quraysh），這個部族的首領掌控著麥加及其周邊地區。有一些古萊須族人是地主和農民。這個部族十分龐大，並且擁有許多的分支，其中兩大氏族支配著其餘的氏族。其一為哈希米氏族，他們是哈希米（Hashem）的後代，擁有卡巴聖壇鑰匙保管人的光榮頭銜。另一支強勢的分支則是伍麥亞氏族，他們是哈希米的姪子伍麥亞（Umaya）的後代，稱霸商業貿易領域。哈希米氏族和伍麥亞氏族是敵對的親族，互相爭奪資源和榮譽，雙方的往來不總是友善的。

然而，古萊須族並不是麥加唯一的部族。那個地區還有其他一些影響力較為薄弱的部落，而麥加成為北至敘利亞、南至葉門的中心，區域內各地的男男女女都會到麥加來朝聖具有性靈力量的卡巴聖壇，以及周圍沙漠山谷中的諸多聖地。他們在卡巴聖壇和滲滲泉附近對神發誓、許下承諾或產生幻象，為生命帶來重大的影響和意義。年復一年，各個部族的成員來到這裡重申和平協議、簽訂契約，當然還會鞏固自身部族的榮譽。在麥加時，他們經常利用這個機會和當地人或其他朝聖者做生意。不過，無論他們是當地人或外來的朝聖者，所有人都會認同哈蒂嘉這樣的人物是傑出的麥加人，應該受到尊重，甚至是敬畏。

然而，就更普遍的情況來說，女性的地位並不理想，而且存在許多矛盾。部族的族人汙名化女性，認為所有女性化的事物都是軟弱無能的，一般而言都是低人一等；有女兒卻沒有兒子的父親會被稱作絕後之人。某些父親甚至會埋葬他們的女嬰，然後為擺脫了生下女兒的恥辱而感到驕傲。可是在另一方面，麥加能夠讀寫的女性比男性更多，更重要的是，她們可以擁有財富和資本，哈蒂嘉當然也是如此。由於她的母親和父親都屬於古萊須族中有影響力的氏族，哈蒂嘉握有資本、人脈、孩子和榮譽。她堅強、睿智且獨立，男人和女人都對她言聽計從。

就像其他的古萊須族的菁英成員，哈蒂嘉投資了麥加與北方的羅馬帝國領地間的遠程貿易。在西元六一〇年那個命運的夏夜到來前幾年，哈蒂嘉曾委託穆罕默德來監督她運往羅馬的阿拉伯佩特拉行省（Petraea）首府布斯拉（Bostra）的貨物。麥加的商隊帶著皮革、獸皮、羊毛衣物、澄清奶油和香水，運往北至今天的敘利亞和巴勒斯坦一帶。和其他麥加商人一樣，哈蒂嘉出售貨物給需要大量皮革和獸皮的羅馬軍隊。

哈蒂嘉採納多方意見，都聽說穆罕默德是個誠實的人，她對此讚許有加。當他歷經兩個月的貿易旅行歸來時，他帶回的利潤明顯比以往更多，證明了哈蒂嘉信任了對的人。這個年輕人從小就是個孤兒，在出生以前就失去父親，五歲左右失去母親，而在他還是個孩子的時候，失去了祖父和監護人。儘管穆罕默德的個人生活面臨種種困難，但他擁有堅毅的人格和慷慨的精神。他的個性和魅力都讓哈蒂嘉印象深刻，於是哈蒂嘉主動向他求婚，或是要求他提出婚約。而他接受了。

他們結婚時，穆罕默德還不到二十五歲，她則至少二十八歲。她過去結過兩次婚，一次是守寡，另一次則是離婚作結。也有人說她兩次婚姻都是因為喪夫而告終。她在兩段婚姻中都生了孩子。

有些較晚期的資料稱哈蒂嘉結婚時已經四十歲，但是這不應按照字面意思來理解。因為在遠至古代的近東文學傳統中，四十歲代表著完美、圓滿和顛峰。誠然，和穆罕默德成婚時，哈蒂嘉是一名在情感和智識上都處於均衡狀態的女性。不過，她後來又生下五或六個孩子，這在當時對一個五十幾、甚至四十幾歲的女人來說是不可能的事。

一九八九年，在麥加的考古挖掘發現了一座建築的遺跡，據說曾經是哈蒂嘉做生意的地方和她與穆罕默德的家，包括她生下孩子的房間。有長達二十多年的時間，哈蒂嘉和穆罕默德與孩子一起生活在那間屋子裡。這個屋簷下還有其他成員，包括一個被解放的女奴巴拉卡（Barakah）或稱烏姆．艾曼（Umm Ayman）、一個被解放的男奴宰德（Zayd），以及先知的堂弟阿里（Ali）。

當然，哈蒂嘉與穆罕默德的關係超越了貿易或家庭方面的夥伴關係。她得知穆罕默德肩負真主使者的使命後的反應，顯示出她對穆罕默德的依戀之深，以及她對於他的誠實抱持絕對的信心。就更深層的意義而言，她身為一位有眼光的女商人的聲譽也對穆罕默德有利。

毫無疑問，成為先知是一項沉重的負擔。在山洞得到最初的啟示後，穆罕默德數日足不出戶，身上披著厚重的斗篷。有一段時間，啟示不再出現了。難道這只是一次性的事件嗎？他對此感到疑惑不解。可是哈蒂嘉對於真主選擇穆罕默德成為祂的先知，未曾有過一絲懷疑。最後，加百列回來了，為先知帶來令人心安的神聖訊息：

你的主不曾捨棄你，祂也沒有厭惡你。

後世於你，確比今世更好。
你的主將來必賞賜你，以至你喜悅。[5]

真主對於光明未來的許諾，伴隨著對過去艱困的提醒：

難道祂不曾發現你伶仃孤苦，而使你有所歸宿？
難道祂不曾發現你徘徊歧途，而把你引入正途？
難道祂不曾發現你家境寒苦，而使你衣食豐足？[6]

先知穆罕默德生活中源自真主的保護、指引和充裕，有部分是透過哈蒂嘉對他的奉獻體現出來的。正如《古蘭經》的記載，真主命令祂的使者：

至於孤兒，你莫欺凌他；
至於乞丐，你莫責斥他；
至於對你養主的恩典，則要宣揚它。[7]

哈蒂嘉的慷慨不僅僅是提供他資金和安慰。在家中，他們每天都在黎明前、中午、下午、傍晚和入夜後一起禮拜。先知向哈蒂嘉示範加百列如何指導他在每次禮拜前清洗臉、手臂和腳。她為自己的女兒樹立榜樣，讓她們對先知懷抱信念。她也在公開場合支持他。一位目擊者在造訪麥加後提供了以下的描述：

> 有名男子走出家門禮拜，面朝著卡巴聖壇；接著一名女子出來，和他一起禮拜；然後一個年輕人也出來，和他一起禮拜。[8]

同一名旅人回憶了他所聽聞的事情：

> 那名男子是阿布杜拉（Abd-Allah）的兒子穆罕默德，他說，神派他來傳遞（指引的）訊息，並承諾波斯和羅馬皇帝的國庫都將為他敞開大門。那名女子是他的妻子哈蒂嘉，那個年輕人則是他的堂弟阿里，他們對他有信心。

長達三年，先知穆罕默德只向他自己的家庭成員傳遞神的訊息，分別是哈蒂嘉、他們的女兒，以及和他們同住的青少年堂弟阿里。與此同時，啟示仍在陸續降臨。

在啟示的指引下，先知最終與古萊須族的首領們分享了他收到的訊息，但只有他的幾個叔叔把他當一回事。少數幾個有經濟實力的人物加入了初期信士的行列，其中最引人注目的是一位名叫阿布—巴克爾（Abu Bakr）的商人。然而，在多數情況下，族裡的顯要人士對他的呼籲充耳不聞。反之，那些權利遭到剝奪的窮人、奴隸和麥加那些缺乏部族關係保護的人，則是欣然接受先知的訊息。他們之中的第一人是宰德，他是哈蒂嘉安排來服侍先知的一名青年。此外，還有一名來自非洲東部的黑人奴隸，名叫比拉勒（Bilal），以及一個來自半島東部地區、追尋真理的流浪波斯旅人，名叫薩勒曼（Salman）。

哈蒂嘉與其他信徒一樣，公開宣稱信仰唯一的真主，並接受穆罕默德為神的使者。這一信條構成了先知提出的生活方式中的核心信仰，而他稱這樣的生活方式為「伊斯蘭」（Islam）。對信徒來說，《古蘭經》的簡單訊息敦促他們保持虔誠和善良，但那些經文往往都帶有一種緊迫、甚至是末世即將降臨之感：

當太陽黯淡的時候，
當星宿零落的時候，

當山巒崩潰的時候，
當懷孕的駱駝被遺棄的時候……[9]
當被活埋的（女嬰）被詢問
她為什麼罪過而遭殺害呢？……[10]

那麼你要到哪裡去呢？
這是對眾世界的提醒，
是給你們當中願意行正道的人。
除非眾世界的真主意欲，否則他們是不會願意的。[11]

《古蘭經》警告人們即將到來的神聖審判，敦促他們避惡揚善：

一切多謗好貶的人有禍了；
他聚積財產，而以它當作武器，
他以為他的財產能使他不滅？

絕不可能！他必將被投入到那毀滅之坑中。[12]

古萊須族的首領們否認了這些訊息、這位使者和那些跟隨他的人。他們擔心如果人們全盤拒斥眾多神祇、只信仰一神，將會逐步侵害他們的權威，並阻礙他們的商業前景。不過令他們厭惡的原因還不止於此。《古蘭經》批評了他們、他們的信仰和他們的生活方式。先知也是如此。作為回應，他們嘲弄並折磨先知穆罕默德和那些信徒。他們將某些人虐待至死，又讓其他人痛苦不堪。他們一再向先知和信徒們投擲穢物。哈蒂嘉是個有頭有臉的女人，起初未受這些迫害行為騷擾。然而，不久之後，就連她的重要地位也不足以保護先知的家庭。最終，古萊須族的領袖同意要驅逐這個男人和他的親信。

歷經艱困的三年，先知和他最親近的一群人的行動被限制在麥加城外，一處寸草不生的山谷中，無法獲得基本的生活必需品，甚至連食物都要在夜色掩護下才能送到他們手中。可是，哈蒂嘉，這位先知的妻子兼知己，仍然陪在他身邊，直到六一九年她在那不毛的山谷中逝世。哈蒂嘉去世前三天，先知才剛失去他的叔叔、也就是阿里的父親阿布—塔里布（Abu Talib）。這兩人一直是他的主要保護人。他稱那年為多年來最淒涼的一年，即「憂傷之年」。

經過那三年後，先知離開了麥加。正如福音書所述，「沒有任何一位先知會在他的家鄉被人接納。」而在哈蒂嘉去世後，先知穆罕默德不得不離開他的家鄉。回顧歷史，六二二年後來標記著伊斯蘭紀年的開端。穆罕默德的生命展開了一個新的篇章。新的一群信士在麥加東北約四百公里處的農業綠洲雅斯里卜（Yathrib），歡迎他的到來。這片綠洲被重新命名為「先知之城」（Madinat al-nabi），或簡稱為「麥地那」（Medina），意思是「城市」。

哈蒂嘉去世後不到十年，先知便光復麥加。又過了十年，他的追隨者展開征服世界的壯舉。關於哈蒂嘉的美好記憶常存先知心中，他常常對他的夥伴說起她的點滴。假如她活得更久的話，也許伊斯蘭的進程會有所不同，但她對後世的影響確是毫無疑問的。哈蒂嘉是伊斯蘭歷史上一位令人景仰的女中豪傑。

第二章

先知的血肉——法蒂瑪

生卒年約六一二至六三三年

法蒂瑪不僅是先知穆罕默德和哈蒂嘉唯一存活的子女，她還和她父親的堂弟阿里結婚，而阿里是什葉派穆斯林眼中，除了先知以外最受尊崇的人物。此外，法蒂瑪孕育了什葉派眾多備受敬重的領導人或伊瑪目。時至今日，對穆斯林來說，如果一個人的出身世系可以溯源到法蒂瑪，再由此追溯至先知本人，將會帶來莫大榮耀。

先知穆罕默德曾慈愛地談起她：「法蒂瑪（Fatima）是我的血肉。」所有的穆斯林在提到先知穆罕默德的女兒法蒂瑪時，都會語帶尊敬。她出生時取的名「法蒂瑪」，至今仍是穆斯林女孩十分常見的名字。除此之外，她的許多綽號也大受歡迎，諸如札荷拉（Zahra）、塔希拉（Tahira）、希迪卡（Siddiqa）、姆巴拉卡（Mubaraka）、拉齊雅（Raziya）、札齊雅（Zakiya）、賽依妲（Sayyida）、芭圖爾（Batul）等等，拼寫和發音因地而異。

法蒂瑪不僅是先知穆罕默德和哈蒂嘉唯一存活的子女，她還和她父親的堂弟阿里結婚，而阿里是什葉派穆斯林眼中，除了先知以外最受尊崇的人物。此外，法蒂瑪孕育了什葉派眾多備受敬重的領導人或伊瑪目（Imam）。時至今日，對穆斯林來說，如果一個人的出身世系可以溯源到法蒂瑪，再由此追溯至先知本人，將會帶來莫大榮耀。

在整個穆斯林歷史上，人們經常在法蒂瑪的名字後面加上一個尊稱的頭銜：札荷拉（al-Zahra），意思是「光芒四射之人」，也許是為了強調她自身的優點，而不是她與父親、母親、丈夫和後代子嗣的關係。法蒂瑪是先知穆罕默德的四個女兒中最年輕的一個。其他的三個女兒宰娜卜（Zaynab）、盧蓋雅（Ruqayya）和烏姆．庫勒蘇姆（Umm Kulthum）都比先知更早離世，而他與哈蒂嘉所生下的一個兒子在嬰兒時期便已夭折。身為唯一倖存的孩子，法蒂瑪非常受到父親的疼愛。

就像伊斯蘭歷史最初的幾十年間，有許多具體細節難以確知，法蒂瑪確切的出生日期也仍然無法確定。如何決定某些重要事件的時間、地點或其他細節，可能是關乎教義而非歷史證據。舉例來說，關於法蒂瑪是在她父親開始真主使者任務的六一〇年之前或之後出生，歷史學家的意見就非常分歧。然而，大多數什葉派的編年史家將她的出生時間定在先知使命開始後幾年，而不是在開始前五年。將她的出生時間定在她父親的先知使命開始之後，比在開始之前更能提高她的地位。法蒂瑪的生平故事和她的父親交織在一起。撰寫先知生平的編年史家，是在他去世後數十年的八世紀才開始工作，因此除了先知對她的寵愛，關於法蒂瑪的資料其實少得可憐。為了回應當時緊迫的問題，這些作者聚焦在政治問題上，特別是先知在戰爭中的行為，這在穆斯林統治正在擴張的征服時代，似乎是最要緊的事。也因此，他們忽略了許多由目擊者留下的真實生活細節，造成了未來史學家的損失。

然而，在最早的先知生平編年史中，法蒂瑪有兩件童年事蹟特別引人注目。當她的母親哈蒂嘉在六一九年去世時，這個小女孩悲痛欲絕。先知安撫她，向他的小女兒保證，天使加百列向他透露，哈蒂嘉已經去了一個更好的地方。慈悲的真主已經為哈蒂嘉在天堂安排一座宏偉的亭榭，亭榭的天花板垂掛著璀璨的珍珠。法蒂瑪始終相信先知說的話。第二件事蹟反映出法蒂瑪在目睹麥加人迫害她心愛的父親時，所經歷的創傷。這位少女輕撫著她父親的面龐，宛如一位母親在照料她的孩子。

西元六二二年，先知從麥加遷徙到麥地那不久後，法蒂瑪和她的姐姐也追隨父親的腳步。這次「聖遷」（阿拉伯文稱hijra）標記著伊斯蘭歷史的轉捩點，最後也成為伊斯蘭曆的開端。一年後，在父親的推薦下，法蒂瑪嫁給了先知的堂弟阿里。繼第一位信士哈蒂嘉之後，阿里是第二位相信先知穆罕默德及其訊息的人。阿里的父親把他送到先知那，和他一起生活，而在哈蒂嘉的幫助下，阿里幾乎是在先知的直接照顧下長大的，並對他保持絕對的忠誠。

在聖遷後的第一年，法蒂瑪在麥地那嫁給阿里。兩人結合的每一方面都受到跟教義有關的詮釋，並被賦予背後的意義。不過，我們有大量的歷史細節記載可以查考。鑑於無法確知法蒂瑪的出生年分，法蒂瑪在結婚時最年輕可能只有九歲，也可能長至十九歲，而在不同時期，這個年齡的數字影響了伊斯蘭律法訂定幾歲是理想的結婚年齡。

人們從兩人的婚禮學習到的另一件事，是先知希望婚姻簡便易行。這表現在先知安排他深愛的兩個人結婚的方式上。先知指示阿里賣掉他的盔甲，並購買家用物品，包括一張羊毛填充的埃及棉床墊、一些坐墊、一張簡易的地毯、一只水壺和一些陶器。其中沒有任何豪華鋪張的東西。根據習俗，婚禮結束後幾天，新娘的家族會舉辦一場宴會，也就是婚宴（walima）。而先知舉辦的婚宴同樣簡單低調，提供給他的客人簡樸的便飯。

法蒂瑪結婚後，先知確保她會住在附近，事實上就住在隔壁。她有兩個兒子，哈桑（Hasan）和胡笙（Husayn）分別在聖遷後的第二年和第三年出生。她還有兩個女兒，而先知深愛每一個孫子女。他們是他的家人，是先知家族（ahl al-bayt）的成員。

西元六二二至六三二年，法蒂瑪見證了她父親傳遞神啟，引導他的追隨者，並形塑信士的社群。她會上清真寺，她的父親在這個神聖的空間，與他的族人談話、協商，並帶領他們做禮拜。她年幼的兒子會和先知一起玩耍，甚至在他跪地禮拜時爬到他背上。

關於麥地那的早期穆斯林社群的敘述都強調了他們的艱辛、物質匱乏，以及他們無時無刻都面對可能與不信教者再次對峙的威脅。而古今皆然，婚姻生活本身也有其難處。阿里儘管身強體壯，能賺得的收入卻很低。他們婚後的頭幾年裡，法蒂瑪忙於家務和體力活，諸如用杵臼研磨玉米和照料家畜，她的手掌因而起了水泡和繭子。

每次先知的女兒來探望他，或是當他去拜訪女兒時，先知都會親吻法蒂瑪的手，表達他的愛與尊重。然而，正如文獻強調的那樣，當法蒂瑪抱怨她的工作並詢問她是否可以雇用一名僕人時，先知反而教導她唸一段禱詞，以減輕她的痛苦。他說：

法蒂瑪啊，我會提供妳一個更好的選擇。妳在每次做完禮拜後，記得要讚主超絕（三十三次），知感真主（三十三次），作證除真主外別無他神（三十三次），並重複真主至大（三十四次）。[1]

這種關於先知在特定情況下的言行記載，在伊斯蘭歷史上扮演的角色愈來愈重要，例如先知在被要求某些事情或提供建議時的反應。這些關於先知言行典範的記憶形塑了其追隨者的倫理世界觀。後來，從八世紀開始，這些紀錄就被稱為聖訓（hadith）。

這裡引用關於先知教導如何在遭遇困難時求助真主的聖訓，也有其他形式，而幾個世紀以來，這樣的聖訓指引了無數穆斯林男女如何在日常生活中時時謹記真主。

先知教導阿里和法蒂瑪，以及他的所有追隨者，無論經歷何種困難，他們都應該呼喚真主，也只該呼喚祂，並且要藉由感謝、讚美和祈求來呼喚主。先知總是能為人們帶來平靜，給予人們希望。許多人認為，歷史文獻中對這些細節的強調，代表著先知樂意向穆斯林家庭傳授經驗。正如先知所說過的：「你們之中最善待家人的人就是最傑出的。」在調停女兒和女婿之間的爭執時，儘管先知深愛他們兩人，但他經常站在法蒂瑪那一邊——這是對所有男人、不分古今的教訓。他說：「女人勝過好男人，而懂得謙卑的男人則能勝過女人。」另一則教誨也許沒有那麼明確，不過先知傾向認為男人不應該娶一位以上的妻子。一夫多妻制，也就是同時娶多名妻子的做法，在伊斯蘭出現之前的麥加和麥地那十分常見，而在伊斯蘭出現後依然如此。先知去世時，他共有九名妻子。然而，在先知的堅持下，只要阿里仍與法蒂瑪維持婚約，他就沒有再娶其他女子為妻。

然而，包含聖訓在內，這些和其他關於伊斯蘭早期歷史的類似記載，所提供的細節也許都比實際已知的史實更多，其目的除了是要說明過去應該發生了什麼事，許多時候更是要告訴世人無論是在什麼時代，事情應該會如何發展。

法蒂瑪全心全意愛著她的父親。在他最後的日子裡，她在病床邊照看著他，邊流淚邊唸誦一首動人的詩，這是先知的叔叔，也就是她的公公在數年前寫給先知的一首詩：

銀白的雲朵向他那光亮的臉龐祈求雨露，
他是那守護孤兒和寡母之人。
他總是安詳、睿智、審慎，
從不保留他的善良、智慧與慷慨。

先知對他的女兒微笑，並說：「還是唸《古蘭經》吧。」

法蒂瑪是個意志堅強、身體健壯的女人。她生下五個孩子，管理一個繁忙的家庭，並曾兩度造訪麥加。自始以來，多數的史料都將先知的女兒描繪為一位無私奉獻的女性。關於她生平的描述都顯示出，儘管經歷令人難以忍受的磨難，她仍寧願自己挨餓，也要用她僅有的一點資源餵養更多有需要的社群成員。有些意見堅持否認女性在整個伊斯蘭歷史上的存在，或壓制女性的聲音，於是也試圖把法蒂瑪描繪成一個受環境所迫、軟弱且被動的受害者。然而，父親在六三二年逝世後，法蒂瑪強大的個性立即體現在她的言行上，當時她發現自己正身處因為要決定父親的繼承人選，而爆發的危機之中。根據一位研究早期伊斯蘭教的著名學者判斷，「歷史上沒有任何事件，比穆罕默德的繼承權問題更深刻且長久地分裂了伊斯蘭。」[2]

阿里外出安排葬禮事宜時，十幾名男子聚集在法蒂瑪的家門口，多數都是先知的友伴。他們嚷嚷著要阿里應該在此時站出來，負責領導穆斯林社群。他是他們的先知繼任者人選，即哈里發（khalifa，英文作 caliph）。這些男子組成了阿里追隨者的核心成員，阿里的追隨者有時被翻譯為阿里黨（Party of Ali）或阿里的什葉派（Shia of Ali）。先知許多著名的友伴都支持阿里，包括先知的叔叔阿巴斯（Abbas）、阿里的追隨者阿布—札爾（Abu-Zar）和賣棗人邁薩姆（Maysam the Date-seller），以及祖拜爾（Zubayr）和波斯人薩勒曼。

當然，沒有人質疑阿里與先知的親近程度和對他的忠誠。他的資歷不證自明，特別是他在戰場上的英勇表現。除此以外，與先知的女兒結婚更是對阿里有利。有些人甚至憶起，在先知最後一次到卡巴聖壇朝聖返回麥地那的路上，他本人曾暗示他希望阿里能繼承他的位置。原則上，先知的族人（古萊須族）認定的繼承準則是世襲制。由於先知沒有倖存的兒子，阿里的追隨者認為，繼承權如今屬於法蒂瑪和她的丈夫。

然而，在麥地那的其他地方，有遠遠更大的一群人聚集要來裁決繼承問題。他們更傾向讓先知的另一位親密友伴擔任哈里發。阿布—巴克爾是先知的老友和岳父，他也擁有傑出的資歷和極高的聲譽。阿布—巴克爾比阿里年長二十多歲，且同樣廣受敬重。他也是最早的信士之一，事實上，他還是信徒中第一個擁有自由身的成年男性（他是在第一位信士哈蒂嘉、阿里和宰德之後成為信徒；哈蒂嘉是女性，阿里當時還是個男孩，而宰德則是被解放的奴隸）。與古萊須族多數的族人不同，阿布—巴克爾冒著失去自己社會地位的風險，接受穆罕默德是神的使者。先知稱他為自己真正的朋友。他在麥加大力支持先知，並付出許多財產來資助他的理想。

阿布—巴克爾朝法蒂瑪的房子走去，他知道得到法蒂瑪和阿里的支持是多麼重要的事，他們已經從葬禮返回家中。陪同阿布—巴克爾前來的人們神情凶惡，他們在事前便已決定要確保阿里和阿布—巴克爾握手。在阿拉伯人的習俗中，握手的儀式，或說獻上忠誠（bay'a），代表著宣誓效忠的承諾。阿布—巴克爾的人手威脅，如果阿里和他的一小群追隨者拒絕的話，他們就要燒掉法蒂瑪的房子。儘管這群人帶著武器、揮舞火把，令人心生恐懼，阿里仍克制自己不使用暴力，希望能讓剛剛失去領袖和先知的穆斯林社群保持完整。然而，法蒂瑪在此時提出抗議。她站在門口，不停呼喊著父親的名字。他們怎麼膽敢如此不敬？她訓斥了他們：

你們把真主使者的遺體留給我們，而你們卻不與我們協商，就擅自決定，絲毫不尊重我們的權利！

阿里也表達支持法蒂瑪。只要她還活著，他就會保持效忠法蒂瑪。考慮到阿里與先知的親密關係，並尊重法蒂瑪在穆斯林社群中的地位，阿布—巴克爾接受了他的決定，並命令他的人手就地解散。可是壓力仍持續增長。

雖然阿里和阿布—巴克爾之間從未發生任何真正的戰役，但以這個關於阿里繼承權的決策為導火線，穆斯林歷史上出現了一次嚴重的分歧。而還要再經過遠遠更長的時間，穆斯林社群才根據不同的路線，分裂成日後被稱作什葉和遜尼的兩個派系。

幾天後，法蒂瑪去索要先知特別遺贈給她的東西，阿布—巴克爾卻斷然拒絕她。她提醒他，先知在名為法達克（Fadak）的農業綠洲上，給了她一塊肥沃的土地。法達克是個位在麥地那東北方的農村，騎駱駝大約要三、四天路程方能抵達。可能是在六二九年，先知受人贈予，收到這塊在法達克的土地，並在當時把它送給了女兒。然而，阿布─巴克爾記得他曾聽過先知表示，在他去世後，他所留下的任何東西都應該慈善捐出。他堅持，先知沒有將任何物質遺產遺贈他人。

結束與父親舊時友伴這場不愉快的爭論後，法蒂瑪將她的反對意見傳達給更廣泛的信士群體。歷史文獻記錄了她的一場演說，她公開反對她認為偏離先知真正遺產的行為。在她關於法達克的激昂演說中，法蒂瑪朗誦了《古蘭經》的一段經文，文中認可一個人的孩子有權繼承財產，包括女兒：「男子得享有父母和至親所遺財產的一部分，女子也得享有父母和至親所遺財產的一部分。」[3]

她對阿布─巴克爾說道：「難道在真主的書中，你繼承了你父親的遺產，而我不能繼承我父親的遺產？……難道《古蘭經》沒有要求你應當『把親戚所應得的分給他們』嗎？」[4]她轉身對信徒們說：「信奉伊斯蘭的人們啊，你們為什麼不維護我的權利？為什麼對我受到的不公平待遇無動於衷？」

阿里的追隨者自然站在法蒂瑪那一邊。在強調阿里有權繼承先知、成為哈里發的同時，這群追隨者也支持法蒂瑪對法達克農地的主張。然而，他們一直是少數。

法蒂瑪的健康狀況迅速惡化。聽到這個消息，阿布—巴克爾希望去探望她，並與她和解。然而，我們仍不清楚她是否接受了他的提議，例如什葉派歷史學家就堅持她從未接受和解。編年史一致提及，她拒絕與先知的任何妻子和古萊須族的其他婦女見面。法蒂瑪去世於六三三年。就像她的出生年分，我們仍無法肯定她逝世的確切日期。有些史料說她在先知死後的七十五天去世，有些說是九十五天。她當時可能是十八歲或二十八歲。阿里親自埋葬了她，而且沒有透露她墳墓的確切位置，因為她曾囑咐他要保守祕密。時至今日，什葉派宗教日曆上仍標注著不只一天，應當肅穆紀念她逝世的日子。

先知穆罕默德揚棄阿拉伯地區的部族習俗，表達對女兒的愛和尊重。當詆毀先知的人們嘲笑他沒有兒子時，真主透過《古蘭經》向他保證，未來將絕後之人是他的敵人，而不是他：

> 奉至仁至慈真主之名
> 看哪！我確已賜你多福，
> 故你應當為你的主而禮拜並宰牲。
> 怨恨你者，確是絕後的。[5]

《古蘭經》的經注家解釋了此處的「多福」之意，也就是阿拉伯文的Kawsar一字。有些經注家說，這是指在天堂中的一座噴泉，或是一眼源源不絕的泉水。其他的經注家，包括多數的什葉派經注家，則認為這多福的神聖贈禮正是法蒂瑪本人。

第三章

聖訓的傳述者——阿伊夏

生卒年約六一五至六七八年

先知離世後，阿伊夏無疑是他在世的妻子中最有影響力的一位。無論是先知在麥地那的時期，或是在他死後，阿伊夏都在各式各樣的議題上表達了自己的意見，對社群裡的重要事務提出疑問並表明立場。涉及婦女問題時，她是最主要的權威，因為她可以提供她親耳聽見先知所言的第一手描述。

阿伊夏（Aisha）是阿布—巴克爾的女兒，當她的父親把她許配給他的朋友先知穆罕默德時，她還只是個孩子。年輕的阿伊夏是在六二三年末或六二四年初和先知結婚的。有些史料來源說她當時年僅五歲，其他的紀錄則是九歲，但正如中古時代的許多文字記載常見的狀況，這些數字可能是具有象徵意義，來表示她的純真無邪，而不是指她的實際年齡。同理，雖然阿伊夏從未生下任何孩子，但《古蘭經》對她的描述和先知的其他妻子一樣，都是信仰者的母親。[1] 史料一致記載了阿伊夏擁有過人的記憶力和聰慧的頭腦。因此，六三二年先知去世後，關於先知本人和他的行誼教誨，她有許多可以分享，尤其是他私下的為人。先知曾經多次向她吐露祕密，尋求她的忠告，並在他人面前讚美阿伊夏的品格。隨著時間推移，先知對她表露特別的喜愛，而且據說先知是在阿伊夏懷中逝世的。

好幾世紀以來，傳記作者、歷史學家和傳道士都把阿伊夏描述為一個女兒、妻子和母親。就像伊斯蘭誕生的頭兩百年歷史的普遍情況，我們同樣是透過這些人往往帶有教派色彩的評論和意見，來了解阿伊夏。考慮到這一時期的重要性，我們至今依然極度渴望能夠重建或重新想像那段過去的實際樣貌，但這幾乎已經不可能實現。

人們大多是因為阿伊夏與先知的親近關係，以及她近距離親眼見證了先知在麥地那的使命的演變，才對她有所認識。在先知去世後，阿伊夏講述了他生前如何牧羊，如何與麥地那的各個派別維持和平關係，如何伸張正義，並在必要時與對手交戰。

先知離世後，阿伊夏無疑是他在世的妻子中最有影響力的一位。無論是先知在麥地那的時期，或是在他死後，阿伊夏都在各式各樣的議題上表達了自己的意見，對社群裡的重要事務提出疑問並表明立場。涉及婦女問題時，她是最主要的權威，因為她可以提供她親耳聽見先知所言的第一手描述。

有些文獻記載，先知曾語帶讚許地建議信徒：「你們可以從這個紅臉頰的女子身上，學習到一半的信仰知識。」[2]「紅臉頰的女子」是他為阿伊夏取的幾個暱稱之一。阿伊夏還曾評注《古蘭經》，指出較為恰當的經文段落排序，以及某些單詞和短語的正確讀法和寫法。在《古蘭經》最終彙編成冊之前（一般認為是在六五〇年代），她可能已經編纂了一部部分或完整的《古蘭經》抄本，供她自己使用。到了九世紀中葉，當穆斯林在判斷聖訓的真偽時，有些人發現有多達兩千兩百一十條聖訓出自阿伊夏，而其中有一千兩百條是透過她轉述，可以再回溯到先知本人。[3]這些數字代表著她身為先知言行記敘最多產的見證者之一，地位受到公眾認可。

即使是先知的友伴中有權有勢的男人，也難以壓制或忽視阿伊夏的聲音。她在社群的兩個主要群體中都擁有強大的盟友，這兩個群體分別是：遷士（mohajirun），即聖遷者，他們在六二二年左右追隨先知，和他一起聖遷到麥地那；以及輔士（ansar），即幫助者，他們邀請先知來到麥地那，並在那裡提供他援助。此外，阿伊夏的個人權威難以撼動，尤其是因為在麥地那曾經有幾個男人，包括先知的幾個友伴在內，質疑過她的貞潔和道德操守，但先知挺身為她辯護。早期的編年史稱之為誹謗事件（Slander Affair，有時也稱為項鍊事件）。

事情是這樣的。先知和他的一些友伴在冒險離開麥地那時，習慣帶妻子同行。有次，阿伊夏隨同先知參與一場軍事行動，返回麥地那途中，她發現自己落後脫隊，並受困荒野之中。這是因為中途停留時，一早她去別的地方梳洗，但當她回來時，隊伍已經離開了。事後彙編的文獻記錄她曾如此說道：

> 當時我檢查了我的胸前，發現我母親給我的葉門串珠項鍊不見了。我回頭去找我的項鍊，再回到原地時錯過了隊伍。我沒想到那些人會沒等我就離開了。然而，那些把轎子裝到駱駝背的人沒有發現我人不在轎子裡……當時女人個子小，體重也輕，因為沒有什麼食物可以吃……我也是個嬌小纖瘦的女人……於是，我把自己裹在床單裡，躺了下來，正盼望著他們回來接我時，我就睡著了。

出征的隊伍或商隊通常都是由多個部分組成：先鋒隊會在前頭衝得比較快，主要隊伍以正常的速度行進，接著是速度較慢的尾隨隊伍壓後。過了一陣子，有個年輕人從主要隊伍的後方抵達。他因為以前見過阿伊夏，而認出了她，當時先知尚未下達「遮蔽」（hijab）的規定，也就是婦女在公共場合應當要把自己遮蓋起來。他幫助她爬上他的駱駝，把她送回先知的家中，這一切都發生在幾個小時之內。

看到一名年輕男子陪著阿伊夏進城，麥地那有個對先知懷恨在心的人認為這是個大好機會，可以攻擊他的最痛處。他和他的朋黨開始造謠抹黑阿伊夏，暗指她和那個帶她回城的男人間發生不正當的事情。在穆斯林社會，羞辱一個男人的妻子從當時到今日一直是種非常嚴重的侮辱。然而，先知的反應與這群阿伊夏的誹謗者所期望的正好相反，他甚至沒有畏懼退縮，更不用說按照伊斯蘭之前的阿拉伯習俗，男人遇上這樣的事件會殺害或毆打他的妻子。他甚至沒有與阿伊夏離婚，儘管這似乎是最不會引發爭議的選擇。反之，先知把握這次機會，來傳授真主對於那些沒有證據便攻擊女人踰矩的人的斥責：「那些沒有提出四名目擊證人，就誹謗中傷已婚女子的人，對他們的懲罰是鞭笞八十下；並且自此以後不再採信他們的舉證，因為他們是不道德的犯罪者。」[4]要求四名目擊證人來為被指控的私下行為作證，此一規定讓人難以提出如此嚴重的控告。這就像是曾有名受指控的通姦者遭判以石刑處死，而當有人問起耶穌對此人的看法時，他說道：「讓你們之中從未犯過罪的人，朝她投第一塊石頭吧。」

誹謗阿伊夏的那些人以一個最可恥的稱號在伊斯蘭史上留名——偽信者。他們號稱、假裝自己是信仰之人，但實際上卻以邪念行事，他們是兩面的偽君子，是帶著面具的不信者。阿伊夏的清白和對誹謗者的斥責提升了她在先知周遭社群中的地位。

所以，當先知穆罕默德六三二年在她的寢室嚥下最後一口氣時，穆斯林社群裡的許多成員都接受了阿伊夏的證詞，她表示先知希望由阿伊夏的父親來帶領社群，成為他的繼承人，或稱哈里發。後來各個教派的編年史家對於先知去世的確切日期，是五月底還是六月初抱持不同意見，但他們都同意阿伊夏對先知繼承問題的干預具有決定性的意義。遜尼派的編年史家強調她如何阻止了混亂蔓延。反之，什葉派的編年史家則是強調，她與先知的女兒法蒂瑪、女婿阿里以及一群特定先知友伴的對立。

身為先知的遺孀和他的繼任者的女兒，阿伊夏從局內人的有利位置觀察事態的發展，繼續發表自己的意見。她曾在許多場合否定過其他先知的友伴對其言行的敘述，特別是當多數是男性的這群友伴談到先知對待妻子的個人行為，或說他曾指示女性該做些什麼，阿伊夏便會質疑他們怎麼可能聽到、看到或知道這些事情，因為那些都是只有女性在場的情況。[5]比方說，曾有位友伴堅持婦女應該在為每日的禮拜做準備時解開髮辮，並用沾濕的手抹頭髮，於是阿伊夏對他提出異議。據說，阿伊夏對他的提議嗤之以鼻，並說：「既然先知都這樣做了，為什麼他不要求婦女剃光頭呢？」她還說：「當我和先知一起準備做禮拜時，我們用同一個桶水來小淨*，（他同意我）用沾濕的手抹過我的髮辮三次，但不用解開它們。」[6]

有次，一名男性友伴宣稱，如果有三樣東西在他面前出現或經過，就必須停止禮拜，分別是狗、驢子或女人。阿伊夏嚴厲斥責他，並說：「這人不會好好聽話，如果你問他一個問題，他一定會回答錯誤的答案。」[7]她還補充道：「你這是在把我們比作驢子和狗。以真主之名發誓，我曾看過先知在我在場時做禮拜，當時我躺在他和禮拜方向（qibla）之間的床上。為了不打擾他，我一動也沒動。」[8]阿伊夏清楚地意識到，那個人的說法是把女性看作信徒和真主間的象徵性障礙，好比狗和驢子。

父親阿布—巴克爾於六三四年去世後，阿伊夏仍維持她崇高的社會地位。阿布—巴克爾的繼任者是哈里發伍瑪爾（Umar），他在接下來的十年裡統治社群，也依然十分看重阿伊夏。

* 編按：穆斯林每天的五次禮拜前都必須淨身，分為大淨和小淨兩種方式。「大淨」為全身性的沐浴，「小淨」則是局部的清潔，依序清洗下體、雙手、漱口、鼻腔、臉部、手臂，再用沾濕的雙手抹頭和耳朵，最後清洗腳踝腳掌。清真寺都會配備水龍頭，方便穆斯林在禮拜前小淨，若在缺水的地方則可以用沙子替代乾洗。

六三四至六四四年哈里發伍瑪爾的統治，開啟了伊斯蘭歷史的新篇章。在他之前，阿布—巴克爾已經根除整個阿拉伯半島的反伊斯蘭勢力。在被稱為「叛教者之戰」（ridda wars）的多次戰役中，他平息了往南遠至葉門所爆發的叛亂。哈里發伍瑪爾追隨其前任的腳步，但征戰的力度更大、範圍更廣。哈里發伍瑪爾達成了一些主要成就，包括在阿拉伯半島以外的地區發動大規模的伊斯蘭征服戰役，詳盡記錄獲得的戰利品，將聖遷年定為伊斯蘭曆元年，並在新征服的領土任命法官。他致力於頌揚先知。雖然他強烈反對人們分享他們對先知的記憶，特別是以書寫的方式，但他沒有反對阿伊夏這麼做。

幾百年後，穆斯林傳統保存了一些可追溯至阿伊夏的聖訓記敘，但也揚棄或忽略了一些。在遜尼派的一部權威聖訓集中，阿伊夏傳述的大約一千兩百則聖訓只出現了一百七十四則，在另一部則僅有五十四則。[9]而什葉派傳統往往完全摒棄來自於阿伊夏的敘述。

六四四年，哈里發伍瑪爾被一名在征戰時遭受俘虜、心生不滿的男子殺害後，阿伊夏馬上再次介入，將阿里排除在繼承人選之外。她表達支持先知的另一位受人尊敬的友伴伍斯曼（Uthman）。在伍斯曼的領導下，征戰持續進行。

除了編年史作者的教派傾向觀點之外，阿伊夏的聲音遭受抵制的原因，還包括她發起了反對在位哈里發阿里的叛亂行動。在六五六年六月，先知穆罕默德的第三位繼承人伍斯曼遭到謀殺。

他在六四四至六五六年擔任第三任哈里發期間，最重大的貢獻是監督《古蘭經》標準抄本的編纂工作。歷經一絲不苟的過程，他在六五〇年代初期就完成了所有經文的編纂和認證。七十六歲的伍斯曼在家中遇襲時，正在唸誦他所主導編纂的《古蘭經》手抄本中的一本。麥地那陷入一片混亂。社群成員求助於阿里，懇請他以哈里發的身分來接手掌管穆斯林社群。少數伍斯曼的親屬要求阿里將凶手繩之以法，並轉交給他們來報仇。

儘管先知穆罕默德曾經教導，對真理和正義的追求應該超越各種偏見，其中也包括部族間的成見，但來自古萊須族的分支伍麥亞氏族的成員怒不可遏，堅持要為親屬伍斯曼所付出的鮮血報仇。先知的幾個主要友伴同意了。可是阿里卻拒絕他們，表示流血事件必須停止。於是戰爭一觸即發。穆斯林第一次在戰場上拔刀相見。這種破壞信士社群和平的行為被稱為「內戰」（fitna）。

阿伊夏聽聞伍斯曼遇刺的消息時，人正在前往麥加朝聖的路上。她站在先知的兩名友伴身旁，這兩個同伴都與她的父親關係密切，他們是塔勒哈（Talha）和祖拜爾。阿伊夏支持為伍斯曼報仇的主張，同時反對了阿里的決定。她騎上駱駝，出發去占領駐軍城鎮巴斯拉（Basra），位於今日的伊拉克北方數百公里處。共有一萬三千人聚集在她的身邊，接著她在巴斯拉的清真寺向大群民眾發表演說。然而，她的努力以失敗告終。阿里在被稱作「駱駝之戰」（Battle of the Camel）的戰役中擊潰阿伊夏，但他仍然對阿伊夏表現出最高的尊重，讓她安然返家。最後，阿里宣布，所有卸下武裝的人都會得到赦免。接著他留在戰場上幾天，鄭重地埋葬了雙方陣亡的士卒。看到塔勒哈和祖拜爾的屍體時，阿里流下了眼淚，並提醒圍觀的人們，這兩人曾為先知久經沙場。

先知的友伴在駱駝之戰的對峙所造成的創傷難以盡數。從歷史角度觀之，有關這一事件的記載及其所表達或暗示的價值判斷，使阿里的追隨者（即什葉派穆斯林）和其他人產生分歧。有些什葉派穆斯林甚至曾侮辱阿伊夏，儘管遜尼派和今天的什葉派主流都譴責這種不敬之舉。然而，對立的兩派陣營中，有許多保守分子卻達成共識，認為女性應該遠離政治。

據說，有位先知的年邁友伴住在巴斯拉，他見證了駱駝之戰。他說他曾聽過先知說：「那些把權柄（mulk）交給女人的人將永不見繁榮之日。」[10]根據這位名叫阿布—巴克拉（Abu Bakra）的友伴所述，先知是在聽聞人們告訴他波斯的薩珊王朝（Sasanian dynasty）任命了一位女性統治者後說了這句話。

摩洛哥社會學家法蒂瑪．梅尼西（Fatima Mernissi，一九四〇至二〇一五年）對這一說法抱持懷疑的態度：「阿布—巴克拉一定擁有驚人的記憶力，因為他在先知死後二十五年還能回想起（這些話），而且還適逢哈里發阿里在駱駝之戰打敗阿伊夏，重新占領巴斯拉。」[11]

梅尼西懷疑她所謂的「恰好出現的傳述」[12]有幾分真實，但這則聖訓對歷史的書寫產生了巨大的影響。不過，這沒有那麼直接影響女性實際掌權的狀況（在本書後面的篇章將能清楚看出這一點）。然而，我們應該記住，關於伊斯蘭教成形階段的敘述都曾經歷過精心設計，好便於確立某種政治或神學的觀點。毫不意外的是，文獻對阿伊夏的描述至今依然左右著穆斯林對女性、政治和女性的政治角色的看法。

第四章

蘇非行者——拉比雅

生卒年約七一七至八〇一年

在幾個世代之內，有許多虔信主義、苦修主義和密契主義的流派出現，並且匯聚合併成為一種獨特的信仰、行為和傳統的綜合體，被稱之為蘇非主義。來自巴斯拉的拉比雅．阿達維亞是一位著名的女性蘇非行者，也就是蘇非主義的奉行者。她親身見證和經歷了上述的轉型。長達一千多年，人們對這位女性蘇非行者的緬懷啟發了伊斯蘭歷史上蘇非主義的許多闡述。

在伊斯蘭歷史上，西元八世紀是個重大的分水嶺，從伍麥亞朝的阿拉伯帝國，過渡到阿巴斯朝初期、哈里發統治下的多元族群穆斯林共同體。在這關鍵的朝代更迭過程中，我們所知的伊斯蘭信仰的許多面向都在此時被定義或重新定義，包括伊斯蘭律法的初期架構。哈里發伍瑪爾在一百多年前展開的征服行動已經到達高峰。在地理方面，穆斯林統治的疆土已經擴展到四面八方。從伊比利半島一直到中亞，有愈來愈多民族生活在穆斯林統治的領地上，一出生就成為伊斯蘭的信徒。

在幾個世代之內，有許多虔信主義、苦修主義和密契主義的流派出現，並且匯聚合併成為一種獨特的信仰、行為和傳統的綜合體，被稱之為蘇非主義（Sufism）。來自巴斯拉的拉比雅·阿達維亞（Rabia al-Adawiyya）是一位著名的女性蘇非行者（Sufi），也就是蘇非主義的奉行者。她親身見證和經歷了上述的轉型。長達一千多年，人們對這位女性蘇非行者的緬懷啟發了伊斯蘭歷史上蘇非主義的許多闡述。

關於拉比雅的史料混合著事實和虛構的成分。我們甚至無法弄清楚她具體的生卒年，但即便如此，那些關於她、流傳至今的傳說包裹著事實的內核，仍然含有寶貴的少量資訊，能夠讓我們了解她和她所處的時代。拉比雅的生平和傳說代表著伊斯蘭逐漸演變的過程，出現內觀和性靈表達的層面。蘇非主義強而有力地結合了苦修主義的克己和密契主義的激情，而關於她的故事告訴我們，這樣的蘇非主義是如何融合許多當時已經存在和正在發展中的傳統。

拉比雅是在七一七年左右出生，與先知家族的阿伊夏女士去世的六七八年相隔約一個世代之久，自伊斯蘭建立初期以來，情形已經大幅改變。先知穆罕默德的領袖魅力曾經為信士注入社群齊心協力和信仰團結的精神，但這樣的精神如今已逐漸沒落。他傳遞給信徒的核心訊息是要誠摯地歸信真主和後世，而這個訊息在當時也已經黯然失色。出身古萊須族的分支伍麥亞氏族的領導人聲稱自己是正統哈里發，他們的正當性主張是奠基在駱駝之戰期間和結束後，先知家族的阿伊夏所給予的支持。伍麥亞朝以大馬士革為基地，以伊斯蘭和先知之名發起大規模的征服戰役。到了六四〇年代，他們已經拿下從埃及到今天伊朗部分地區的廣大領土。從被征服的土地上徵收的稅金、貢品和其他收入，湧入哈里發的國庫中。數以萬計的臣民淪為俘虜，被迫遷離他們的家園。到了拉比雅所處的時代，這些遭到俘虜和迫遷的男男女女所生下的孩子，已經在遠離故鄉的城鎮裡長大成人，其中許多人生活在伊拉克和敘利亞。他們多數幾乎不了解伊斯蘭的意義，也不知道該做些什麼才能成為穆斯林。那時，曾經親眼見過先知的友伴全都已經離世。那些即便對先知還存有一丁點印象的人，也都是從父母、祖父母和其他長輩那裡聽說的。面對緊急的問題和緊迫的困境時，他們往往會納悶「什麼是信仰？」「什麼樣的人才算是個好的穆斯林？」「先知會怎麼說？」。

不僅是在先知曾經居住過的麥地那和麥加，就連其他城鎮，也開始出現許多男男女女，為這些和其他相關的問題貢獻解答，而拉比雅正是這些人中最傑出的人物之一。她生活在現今的伊拉克，當時那裡是座伊斯蘭的堡壘。

巴斯拉是在六三〇年代末建立起來的一座城鎮，當時是個軍隊的駐紮地，到了八世紀初，巴斯拉已經發展成伊拉克南部繁忙的貿易和智性生活中心。許多不同語言和種族背景的人都以這裡為家。到七五〇年代時，這裡有很大一部分人口已經成為穆斯林[1]，但多數的新皈依者仍然延續著他們過去的信仰和宗教實踐，如猶太教徒、基督教徒、瑣羅亞斯德教徒（Zoroastrian）、摩尼教徒（Manechean）、拜星教徒（Sabean）等其他宗教。

許多虔誠的個人把精力耗費在保存即便不完整但可靠的先知記憶，描述先知本人和他的模範行為——即先知傳統（sunna）。他們收集了關於他所做的事情和他的行為方式的敘述。這些敘述被稱為聖訓，而把生活重心放在收集和分享聖訓的人們則被稱為「聖訓民」（hadith-folk）。透過聖訓來再現先知和他的教誨，這樣的做法很快就開始定義伊斯蘭教。最早的先知穆罕默德的書面傳記，以及關於穆斯林神學和法律的開創性作品，都可以追溯到這個時代。

但有一批偽聖訓也在流傳。有時，地方的傳說故事會被偽裝成聖訓，從而獲得新的生命。受歡迎的傳道士和四處遊歷的說書人順應一般百姓的感受和情感，樂於將先知沒有說過的話說成出自先知之口。也許他們希望先知曾這樣說過。誰能從一個虛假的故事中辨別出真實的聖訓呢？在當時，還沒有嚴格的方法來區分真偽。

定義伊斯蘭教並為其代言的競爭不僅僅是一種智性活動。加入這場競爭的政治風險很高。聖訓民等人會在教義上、政治上，有時甚至在肢體上和彼此發生衝突。七〇〇年代，在教派之爭、殘酷競爭和魯莽衝突的多重背景下，革命動蕩和快速轉型就此發生。

最終，阿巴斯革命（Abbasid revolution）在七五〇年推翻了伍麥亞朝的哈里發政權。那時，被稱為伊斯蘭征服、改變世界的戰役已經擴及意料之外的邊境。七六二年開始，巴格達（Baghdad）成為阿巴斯朝的首都，從這座宏偉城市放眼遠眺，東至中國的甘肅和廣東，西至伊比利半島，深入我們今天所知的葡萄牙和西班牙，都有穆斯林的前哨和駐軍城鎮。財富不斷湧入，特別是來自長途貿易的利益。正如謝赫拉札德（Scheherazade）在《一千零一夜》中講述的故事所反映的那樣，新生的阿巴斯哈里發政權充斥著奢侈和世俗的鋪張。然而，快樂仍然一如既往地脆弱。朝代的更迭翻轉了財富分配，而且力度往往十分猛烈。許多舊時的王公貴族淪為乞丐貧民。眾人眼睜睜看著靠純粹運氣或努力工作輕易積累而來的財寶，如今隨著船隻沉沒、倉庫火災或單純的死亡，一樣輕易消失。一如人類歷史上的類似時刻，這個時代處處可見富人因選擇過多而苦惱，以及伴隨而來的焦慮情緒。

拉比雅為了解決她所處時代的焦慮和不安全感，在巴斯拉的多座清真寺內外佈道，經常朗誦詩歌，來傳達生命的脆弱和時下迫切需要求助庇於真主的呼籲。她的主要貢獻是用充滿愛的字句來談論神性。她是名苦修者和遺世者，也就是從原先生活的社會退隱之人。當時有許多男男女女呼籲嚴格的精神自律，並放棄一切形式的世俗放縱，而拉比雅也是其中之一。不過，拉比雅與眾不同的地方在於，除了對真主的敬畏之外，她還強調並傳達對真主的熱忱之愛。一首被認定出自於她的短詩這樣寫道：

> 我對祢的愛是雙重的：愛我對自己的期望，也愛我對祢的盼望。我期望能一直專心品味祢的記憶，並將自己從其他的一切中解放出來。我盼望祢能揭開所有的面紗，使我能目睹祢。無論是哪一種愛，我皆不該因此受到讚美。兩者的讚美皆只屬於祢。[2]

按照拉比雅的理解，對真主的愛能夠讓一切恐懼和欲求失效。她祈求：

> 主啊，若我是因害怕懲罰才崇拜祢，那就將我投入地獄之火吧。若我是為了得到善賞才崇拜祢，那就別讓我進入天堂。我只為祢而崇拜祢。所以，請別吝嗇對我展現祢永恆的美。

拉比雅認為對真主的愛與敬畏，不應該是出於對天堂的渴望或對地獄的恐懼，而傳世的故事描述她為了將這樣的想法具象化，她會拿著火把和水桶，決心放火燒掉天堂的花園，並澆滅地獄的火焰。

拉比雅強調，人必須了解真實的自我，擁抱內心的性靈領域。她號召人們保持虔誠、謙遜和清貧，堅持認為他們不應該關心自己的身體外表，並放棄一切世俗的牽掛。巴格達的哈里發政權沉溺於世俗的享樂鋪張，與蘇非主義所強調的靈性和謙遜相悖。這意味著從一開始，蘇非主義就有著明確的政治意義。

拉比雅提倡對真主的專一奉獻，以及對祂的完全依賴。她把苦修主義和密契主義結合起來，她口中的真主不僅是終極的力量源頭，更是永恆不朽的愛的源泉——主是完美的愛人。這種苦修主義和密契主義的獨特融合，使拉比雅和其他早期的蘇非行者成為了遺世者。

早在八世紀時，巴斯拉、庫法（Kufa）和其他地方的遺世者就已經開始穿一種粗糙羊毛製成的薄斗篷，在阿拉伯語中被稱為suf。這種斗篷價廉樸素，而且穿在身上很不舒服。「蘇非行者」這個詞可能就是指他們選擇穿著這樣的服裝，以及伴隨而來的遺世實踐。他們會在一年中盡可能多齋戒，並獨自漫長守夜。蘇非行者認為人生是一趟旅程，必須從遠離世俗的牽掛開始，將一切引向神的道路。最終的目的地是抵達神的面前，而這需要消融自我才能達成。

拉比雅在蘇非主義的歷史上是位了不起的人物，蘇非主義有時會被描述為伊斯蘭神祕面向的一種展現。在過去的幾百年間，蘇非主義已經轉變，經歷過許多階段，反映出不同時代和地方的特殊性。但幾乎在任何地方和時代，蘇非主義者都高度尊崇拉比雅。對她最詳盡的描述出現在十三世紀內沙普爾的阿塔爾（Attar of Nishapur，約一二一七年卒）的蘇非主義人物列傳作品中，這本書的書名被譯為《真主之友回憶錄》（*Memorial of God's Friends*）。在十九世紀的奈及利亞，女教育家娜娜·阿斯瑪（Nana Asmau，一七九三至一八六五年）也十分敬仰拉比雅，將她歸入從先知時代到她同時期的諸位女性的精神領袖之列。而在世界各地，人們在街頭和銀幕上傳唱著拉比雅的詩句，例如二十世紀的埃及歌后烏姆·庫勒蘇姆曾在一部阿拉伯經典電影中，演唱了被認為出自這位八世紀密契主義者的詩歌。

關於拉比雅的生平和傳說的資料十分豐富，儘管內容有時會相互矛盾。有些資料稱，在拉比雅的童年時期，有場饑荒襲擊巴斯拉，她的父親將她賣作奴隸。有些補充說，她曾短暫當過奴隸主的歌女。其他資料則將她描述為一個擁有僕人的女人。有好幾個著名的女性演說家和遺世修行者都名叫拉比雅，而且不只一位出身同樣的部族歸屬。她們的故事可能已經被融入到拉比雅的傳記中，導致我們所能得到關於她的客觀事實寥寥可數。她名字的後半部「阿達維亞」反映出她與古萊須族的一個重要分支有關，與先知的友伴、第二任哈里發伍瑪爾（六三四至六四四年在位）

同一分支。拉比雅終身未婚，沒有留下任何自己的著述，也沒有當時的資料曾提到她。然而，後期的資料認為許多諺語、詩歌和軼事都是出自她之手，凸顯出她在最著名的一批穆斯林蘇非行者中擁有核心地位。

傳記作家一再以迎合他們想要傳達的訊息的方式來想像拉比雅。蘇非行者的傳記作家把她說成是個奇蹟創造者。近期的幾位作家則把她描繪成女性獨立的典範。有位學者曾寫道：「拉比雅的傳記角色有多少個版本，就有多少種關於她的描述。」[3]

若說有任何因素提升了拉比雅在蘇非主義歷史上的地位，或許她的女性身分有其助益。然而，我們不應忽視女性經歷的特殊難處，以及現在和過去的男性對她的看法。例如，阿塔爾在他的《真主之友回憶錄》一書中讚美她：「一個在主道上走得和男人一樣出色的女人，不應該因為是女人而受指責。」[4]下面的描述說明了她所遭遇的特殊挑戰，以及被認為是她所創作的詩歌中熱情如火的核心概念：

> 有天，她在逃離一個追兵時摔斷了手。她謙卑地跪下，臉龐貼地，並說：「我的主啊，我無處可去，沒有父母可以投靠，我只是個斷了手的俘虜。但這些都不令我悲傷，因為我唯一關心，我唯一需要知道和想要知道的，就是祢是否對我感到滿意。」

正如《古蘭經》所述：

> 真主的朋友確是沒有恐懼、沒有憂愁的。
> 那些人是歸信和敬畏的人。
> 給他們的是今世和後世的喜訊，
> 真主的話不會改變，這確實是一項無上的勝利。[5]

就算不是先知的家庭成員，女人也可以成為真主的朋友。對拉比雅的尊崇凸顯了這種可能性，女性身分不會抹滅達致最高性靈地位的潛力，一如擁有男人的身體也無法保證性靈層面的優越。正如聖訓的記載，先知穆罕默德曾宣告：「真主並不在意你的外在。」

透過對拉比雅的推崇，蘇非主義打破了厭女的陳規，為女性在伊斯蘭歷史上開拓空間，讓她們也能在性靈領域活躍發展。

第五章

信仰的守護者——內沙普爾的法蒂瑪

生卒年約一〇〇〇至一〇八八年

女性也會教授聖訓。在幾個世紀的伊斯蘭歷史中，女性扮演了傳授聖訓的重要角色，主要是傳遞給其他女性。所謂的傳記辭典中載錄著她們的名字、生平故事和她們轉述的聖訓樣本。……法蒂瑪就體現了她所處時代的聖訓傳述文化，她也是聖訓傳播的一個典範。

拉比雅死後兩百年，伊斯蘭歷史開啟了一個新篇章，而位於今天的伊朗東北部的繁榮城市內沙普爾，有些最激動人心的發展正在展開。

內沙普爾的法蒂瑪（Fatima of Nishapur）將她的耄耋長壽，投入在追述先知穆罕默德的遺產上，她重新彙編了先知言行紀錄，也就是我們所知道的聖訓。她在一〇〇〇年前後出生在內沙普爾，並於一〇八八年二月九日在這座城市離世。

真主使者的言行記載樹立了一個榜樣供後人遵從，讓人們有條明確的道路可循。他待人公平友善、笑臉迎人，耐心傾聽人們的訴求，並總是對每個人表達關愛之意，對兒童和婦女尤其如此。聖訓集記載著先知在公開與私下禮拜和祈禱的方式、他吃過什麼和避免什麼，以及他對待一切事物的禮儀和態度。例如，當他被問及飲酒問題時，他宣告：「凡是使人迷醉的，都是被禁止的。」而被問及財產問題時，他說：「誰能使死去的土地煥發活力，誰就能擁有它。」遵循聖訓記載的先知模範行為是伊斯蘭教首要的宗教實踐，僅次於服從《古蘭經》中的真主所言。

在法蒂瑪身處的時代，穆斯林愈來愈強調學習聖訓的重要性，帶來決定性的影響。在十、十一世紀，人們十分積極嘗試識別聖訓的真偽。聖訓的教學一直被視為非常嚴肅的事情。聽眾彷彿真正被帶到先知面前，聆聽他的一字一句。聖訓教師也被稱為聖訓傳述者，藉由世代相傳的傳述鏈，將聽眾與先知本人連結起來，而且傳述鏈最好能夠追溯到先知的目擊者。過去的聖訓有助於理解現在，並建議穆斯林男女應該如何待人接物。

女性也會教授聖訓。在幾個世紀的伊斯蘭歷史中，女性扮演了傳授聖訓的重要角色，主要是傳遞給其他女性。所謂的傳記辭典中載錄著她們的名字、生平故事和她們轉述的聖訓樣本。普林斯頓大學的一位學者曾經鑑定出至少八千名女性聖訓傳述者的身分。[1]

法蒂瑪就體現了她所處時代的聖訓傳述文化，她也是聖訓傳播的一個典範。她的孫子曾用這段話來紀念她：

> 法蒂瑪是她那個時代的女性的驕傲。她過著虔誠順服的生活長達九十年，從不被世俗事務的紛擾影響。

法蒂瑪居住的內沙普爾城本身就是個有趣的地方，在伊斯蘭教歷史上也十分重要。這座城市位於伊朗東北部一片肥沃的農地上。北部以高山為疆，南部以荒漠為界，這個地區長期以來為各個民族、軍隊、商人和旅行者提供了一條來往的廊道。這座城市是由伊朗薩珊王朝的瑣羅亞斯德教國王沙普爾（Shapur，二四〇至二七〇年在位）所建立起來的，並用他的名字來命名。*內沙

---

* 譯注：內沙普爾（Nishapur）的意思就是「沙普爾之城」。

普爾在早期是聶斯托里派基督徒（Nestorian Christians）的教區，並在七世紀伍瑪爾擔任哈里發的時期，未經反抗就降服穆斯林。到了九世紀和十世紀，商業等其他方面的紐帶，才將內沙普爾與穆斯林統治的其他中心城市連結了起來，最遠西至西班牙南部，東至中國。

在穆斯林的統治下，內沙普爾成為呼羅珊地區（Khorasan）的一座主要城市，呼羅珊過去是個大省分，現今分屬於伊朗、土庫曼、阿富汗和烏茲別克等國。呼羅珊在八世紀獲得傑出的聲望，尤其是在它的阿拉伯人和非阿拉伯人居民推翻大馬士革的伍麥亞朝，並協助在巴格達建立阿巴斯哈里發政權之後更是聲譽卓越。到九世紀中葉時，呼羅珊實際上已經成為一個自治省分，與千里之外的哈里發權位所在地有密切聯繫。地方政權是以哈里發的附庸名義來統治當地，向哈里發進貢，並認可他是先知的繼承人。呼羅珊的都市人口中，絕大多數都是遜尼派，這意味著他們嚴格效忠阿巴斯朝哈里發的主權，並完全仰賴先知的模範言行，或稱先知傳統，作為正確信仰的要求準則。

傳述聖訓成為穆斯林都市菁英（包括內沙普爾人在內）宗教生活中經常可見的一部分。在公共集會和私人聚會上，年幼的孩子會坐在年長的傳述者腳邊聆聽，而陪同的成年人則為他們做筆記。有時也會舉行「唸記」（dhikr）的聚會，也就是宣講關於先知及其友伴的生活和行為的道德軼事。有些團體也會呼喚真主的名字或唸誦讚主詞。據我們所知，法蒂瑪的父親磨坊主阿布—阿里（Abu Ali the Miller，約九五〇至一〇一四年），就像疼愛兒子一樣疼愛他的女兒，並會帶孩子去參加城裡最有名的老師的唸記聚會。

在法蒂瑪的一生中，內沙普爾見證了伊斯蘭政治和宗教史上的重大變遷。統領大軍的將軍圖赫里勒貝格（Toghril Beg，約九九〇至一〇六三年）*於一〇三八年進駐該城，在建立一個龐大帝國和茁壯伊斯蘭教勢力等方面，都邁出了決定性的一步。圖赫里勒貝格和他的兄弟查格里貝格（Chaghri Beg，約九八九至一〇六〇年），以他們的祖先塞爾柱（Seljuq）來命名新王朝，領導著有史以來規模最大的突厥戰士聯盟。兄弟倆承諾要恢復哈里發政權日漸式微的榮耀，有戰鬥力地擔任了「遜尼派復興」（Sunni Revival）時期的開路先鋒。

內沙普爾在所謂的遜尼派復興中發揮了很大作用。伊斯蘭歷史上的兩種關鍵機構都起源於這個時期，一是被稱為經學院（madrasa）的律法研究學院，以及蘇非中心（khanqah）。†在法蒂瑪所處的時代，這兩種機構都經歷了決定性的改變。而在這些改變發生的同時，塞爾柱人也正把他們的勢力從呼羅珊向西擴展到伊拉克等更遠的地區。

---

* 編按：「貝格」並非姓氏，傳統上是突厥語尊稱首領的頭銜，有時也用來稱呼和統治者或地方領袖有血緣關係的人士。現今也被用來當作對男性的敬稱，等同於「先生」之意，或是成為人名的一部分。
† 編按：蘇非中心為蘇非行者活動的場所，如舉行唸記儀式、蘇非主義導師教授門徒，或供旅行的蘇非行者住宿。

遜尼派復興有個關鍵因素，就是形成聖訓揭示的先知模範行為的共識。到了這個時期，已經出現無數成書的聖訓集，有些包含了成千上萬則聖訓。不同的思想學派都把他們的理想投射到先知的時代。抄寫員利用紙張作為傳播知識的媒介，促使聖訓的保存方式從背誦轉變成文字記載。十一世紀時，內沙普爾等地的聖訓傳述者以更早期的嘗試為基礎，統整了大量的聖訓。最終，他們勘定完成六大聖訓集，為正規（sahih）聖訓的健全性和真實性制定了嚴格的標準。

法蒂瑪的工作主要集中在這六大聖訓集中的兩部。其中一部是由穆罕默德·布哈里（Muhammad al-Bukhari，約八一〇至八七〇年）編纂的，他出身今天烏茲別克的布哈拉城（Bukhara）。在他編審的六十萬則聖訓中，他認可了兩千七百則。這些數字不是確切的數字，只是象徵的數量。其餘的聖訓他則全數剔除。他的工作成果被人們直接稱為《布哈里聖訓集》。另一部聖訓集是由內沙普爾的阿布—胡塞因·姆斯林（Abu-l-Husayn Muslim，約八一五至八七五年）編纂，並被稱作《姆斯林聖訓集》。姆斯林在內沙普爾的墳墓是個朝聖地，法蒂瑪可能曾到訪致敬。

雖然內沙普爾的遜尼派共同反對什葉派的世界觀，但他們並沒有在所有問題上達成共識。遜尼派中的兩個重要的學派：沙菲儀（Shafiis）和哈那菲（Hanafis）學派彼此相互競爭，兩者的名稱都是來自八世紀兩個不同的法學架構（madhab）創始人的名字，他們制定法學架構的目的是釐清伊斯蘭律法在規範個人行為和公共關係上的要求和涵義。各個社群，乃至城市的鄰里，都會遵循某種法學架構，藉此塑造其獨特的認同。雖然這類的法學架構經常以各種法學派的形式呈現，但也可以視之為具標記性的法學社群，或由某些法律傳統塑造而成的社區。

到了十二、十三世紀，共有四個獨特的遜尼法學派已經成形，並將延續到十九、二十世紀才瓦解。這四個法學派分別是瑪利基學派（Malikis，主要分布在包括西班牙在內的地中海西部）；沙菲儀學派（主要在東南亞和埃及）；漢巴里學派（Hanbalis，將會在十八世紀成為沙烏地阿拉伯的主流）；哈那菲學派（主要在土耳其和阿拉伯人居住的中東地區）。各個法學派的遜尼派宗教學者除了在如何分配遺產等議題上的法學意見不同，他們對神學問題的看法也不盡相同。例如沙菲儀學派愈來愈強調伊斯蘭的神祕面向，接受了前幾個世紀的蘇非主義遺產。

法蒂瑪的父親磨坊主阿布—阿里，是一位深受信徒愛戴與敬重的沙菲儀學派蘇非行者。人們欽佩他的正直品格、虔信、出色的演說能力，以及他道德導師的身分。他積極參與他所在城市的宗教生活，建造了一座蘇非中心和經學院。這棟建築物可能曾在阿布—阿里智識生活的不同階段裡，供這兩種機構使用。他的目標是要以蘇非主義精神為核心，將內沙普爾的沙菲儀學派團結起來，而所謂的蘇非精神是結合奉獻、紀律和對神之存在的敏銳意識，以及對不分信仰的全人類懷抱利他主義和同情心。

法蒂瑪最偉大的老師是她的父親。從她的童年開始，他就對她諄諄教誨，教她要愛真主並忠於先知的遺產。在她年僅十四歲時，她的父親去世了，但父親的努力已經為她的人生設下前進的方向。他的朋友穆罕默德·蘇拉米（Muhammad al-Sulami，約九三七至一〇二一年）也深刻且長久影響了法蒂瑪的智識和性靈生活。蘇拉米身為一名沙菲儀學派蘇非行者、聖訓傳述者和《古蘭經》評注家，在內沙普爾擁有數量可觀的追隨者。在阿布—阿里開辦經學院前數十年，蘇拉米便曾建立一個小型的蘇非中心，存放著他從內沙普爾更早期的蘇非行者那裡繼承來的大量藏書。蘇拉米代表八世紀誕生於伊拉克的蘇非主義傳統的繼承人。

法蒂瑪在父親仍在世時，曾在蘇拉米的門下學習。他幫助法蒂瑪養成以神祕角度詮釋《古蘭經》的看法，以及蘇非主義的正確實踐方式。蘇拉米共曾寫下數十本著作，其中的一本是關於女性蘇非行者的傳記專著。這部作品證明，全心投入信仰的虔誠女性往往能夠克服她們面臨的社會和文化阻礙。蘇拉米列舉了早期的女性蘇非行者曾為男性同僚提供建議的例子，這意味著女性在性靈層面上和男性同等重要。[2]他在這本列傳中納入了幾位在內沙普爾生活或為信仰奉獻的女性的生平故事。

在十一世紀的內沙普爾，蘇非主義為女性開拓了更多空間，讓她們能夠更充分參與社群的宗教生活。這些女性在標準化聖訓傳述的過程中發揮了重要作用，她們積極地從權威典籍中篩選該傳授哪些內容。她們的學生大多是女孩，不過男孩、甚至成年男子也可以來上課，他們會坐在一道簾幕後聽課。這樣的課程是保存與分享知識的公共行動，與男性學者的努力相輔相成。啟發法蒂瑪進入這種宗教學習文化的不只有她父親一人。[3]

除了她的父親和父親的朋友蘇拉米之外，法蒂瑪的丈夫也能在知識和性靈方面與她對話討論。阿布—卡西姆．古謝里（Abu-l-Qasim al-Qushayri，約九八六至一〇七四年）曾是上述兩人的門徒。法蒂瑪是在一〇一二年左右嫁給他，也就是阿布—阿里離世的前幾年，當時她大約十二歲，新郎二十多歲。

法蒂瑪丈夫的父親家族是古謝爾氏族（Qushayr），亦即阿拉伯氏族古謝爾的後代。在七世紀阿拉伯征服行動正如火如荼時，古謝爾氏族的成員開始在內沙普爾附近定居。到了十一世紀，他們已經在這座城市掌握強大的商貿人脈和機會，並在城外擁有莊園。古謝里的母親出身自該地區另一支移居的阿拉伯氏族蘇拉米（Sulamis），他們的導師穆罕默德．蘇拉米也屬於這個氏族。一如古謝爾氏族，蘇拉米氏族和內沙普爾及其周邊地區的其他阿拉伯部族，都會跟當地家族通婚。他們接納了當地的傳統，但同時也仍然自豪地維護著自己的阿拉伯遺產。

法蒂瑪和阿布—卡西姆成婚這件事，反映出蘇非主義在十一世紀的內沙普爾所經歷的變革。不像法蒂瑪出生在一個學術家庭，阿布—卡西姆必須要融入其中。少年時期，阿布—卡西姆在家中學習過阿拉伯詩歌和修辭，但主要是接受商業事務、騎術和軍事武藝方面的訓練。他並沒有受過聖訓、法學、神學或蘇非主義方面的教育。有一天，阿布—卡西姆在出差內沙普爾期間，偶然遇見法蒂瑪父親的蘇非行者圈子。阿布—阿里對這名年輕人的興趣表示歡迎，開始庇護照料他，並把他引介到城裡最優秀的學術圈。

阿布—卡西姆證明了自己是個值得信賴的學徒。在他三十歲出頭的時候，他已經專精於沙菲儀法學與神學，並以蘇非行者的身分獲得堅實的聲譽。兩個世紀後，一位仰慕他的追隨者這樣寫道：

> 他是大師中的大師，全體群眾的老師，更是社群中最重要的領袖，他的言行體現了各個門類的知識。

阿布—阿里把他心愛的女兒交給阿布—卡西姆，反映出他對他們兩人寄予的厚望。他的選擇十分明智。法蒂瑪在一個以宗教知識和虔信著稱的親族網絡中發揮著關鍵作用。她與阿布—卡西姆的婚姻進一步鞏固了這個角色。他們一起養育了至少八個孩子，其中大部分都致力於推廣沙菲儀學派和蘇非主義的理想。他們子女的婚姻也進一步擴大他們的學術影響力。眾所周知，他們的女兒、孫女和第三代後裔都曾與其他重要家族通婚。他們之中有許多人因其虔誠的言行和對聖訓的研究而備受讚譽。經過七代人的努力，法蒂瑪的數十名後代皆聲譽顯赫。

法蒂瑪的傳記作者沒有提到她曾獨自撰寫任何著作。然而，阿布—卡西姆的大量著作中可能都帶有法蒂瑪思想影響的痕跡，包括他對《古蘭經》的多卷注釋和他關於蘇非主義內涵的權威指南。以下的段落引自阿布—卡西姆一部探討蘇非思想與實踐的權威專著，反映出法蒂瑪和她的丈夫所共享的思維特點：

> 根據蘇非主義的原則，我們最內在的自我會體現並反映出對神性的直觀。一如精神會體現並反映愛，而心會體現並反映知識。蘇非行者說，最內在的自我提供了一扇窗，透過這扇窗可以一瞥真主的模樣。[4]

法蒂瑪的一生反映出十一世紀內沙普爾的文化，那裡的菁英階層崇尚不分男女的宗教學習與虔信。這樣的文化樂見女性參與宗教，並視之為規模更廣泛、遜尼伊斯蘭制訂宗教標準的進程中的重要元素。

第六章

示巴女王再世——阿爾瓦

生卒年約一〇五〇至一一三八年

阿爾瓦女王是一位了不起的君主，她最著名的稱號是「高貴之女」。就像那位因《聖經》而聞名、令人敬畏的示巴女王，阿爾瓦也統治葉門。她既不是伊斯蘭歷史上第一位、也不是唯一一位掌權的穆斯林女性，但仍有許多特點令她獨一無二。她享有格外長久的統治時間、廣受認可的宗主權、以及統治的權威，同時也擴大了她的疆土。她既掌握宗教權威，又擁有政治權力。

雖然在巴格達、內沙普爾和阿巴斯哈里發政權統治的其他地區，遜尼派復興正來到高峰，但不同形式的什葉伊斯蘭仍繼續留存下來。在阿巴斯朝的統治下，有些什葉派社群和平地興盛發展。但其他則不然。其中最引人注目的是堅持什葉派信條的法蒂瑪哈里發政權（Fatimid caliphate），以阿巴斯朝的強勁對手之姿崛起。從十世紀開始，法蒂瑪朝以開羅為基地，向外擴張勢力範圍，南至葉門，東至印度。法蒂瑪朝有個強大的盟友，那就是葉門長期掌權的女性統治者阿爾瓦女王（Queen Arwa），她的華麗、權力和威望讓人聯想到古代著名、甚至連《古蘭經》也曾提及的示巴女王（Queen of Sheba）。

阿爾瓦女王（女王在阿拉伯文中稱為Malika）是一位了不起的君主，她最著名的稱號是「高貴之女」（Sayyida-al-hurra）。就像那位因《聖經》而聞名、令人敬畏的示巴女王，阿爾瓦也統治葉門。她既不是伊斯蘭歷史上第一位、也不是唯一一位掌權的穆斯林女性，但仍有許多特點令她獨一無二。她享有格外長久的統治時間、廣受認可的宗主權、以及統治的權威，同時也擴大了她的疆土。她既掌握宗教權威，又擁有政治權力。

許多穆斯林女性都曾經坐上統治者的位置，但通常為期不久。遲早且多數時候都會有個強人崛起奪權，被推翻的女性統治者往往不得善終。相比之下，阿爾瓦女王實質在位統治了六十年之久。起初，她是在丈夫身旁一起執政，就像其他在她之前握有權勢的穆斯林女性，也曾參與管理政權事務。不過在短暫的聯合統治之後，阿爾瓦的第一任丈夫因染病而身體虛弱，於是她成為實質上的統治者。在第一任丈夫去世後，她雖然再婚，但仍照舊繼續統治。接著她的第二任丈夫逝世，此後她又持續獨自統治了五十多年。

阿爾瓦女王的日常生活和當時典型的穆斯林君主一樣：她掌管宮廷，鑄造自己的錢幣，發動戰爭，簽訂和平條約，收取稅金、貢品和其他收入，建造城市、清真寺和市場，資助支持建築師、詩人和其他高雅文化的代表人物。她的陵墓坐落在她生前建造的聚禮清真寺（Congregational Mosque），至今仍會有民眾朝聖拜訪。這座清真寺位於吉布拉城（Jibla）中心，吉布拉如今已經是座千年古鎮，位於慘遭戰爭蹂躪的葉門西南部高原地區。

在童年時，阿爾瓦便失去了她的父親阿赫瑪德．蘇萊希（Ahmad al-Sulayhi）。她在叔叔阿里．蘇萊希（Ali al-Sulayhi，約一〇一〇至一〇六七年）和他能幹的妻子阿斯瑪（Asma，約一〇二〇至一〇七五年）的照顧下長大。身為蘇萊希氏族的重要成員，阿爾瓦的叔叔與地方的幾個部族建立了有效的聯盟關係，並與其他部族簽訂和平協議。他也與其他的幾個部族作戰。到一〇四七年時，阿里利用高超的談判和作戰技巧，開拓出一塊可以統治的領土。他以沙那城（Sanaa）為基地，借助近親和部族盟友的人力，治理著葉門的一個地區，西至繁榮的札比德鎮（Zabid），南至具戰略地位的港口亞丁（Aden）。當阿爾瓦在一〇七〇年代掌權時，她延續了她叔叔的事業。到了十二世紀初，她的勢力範圍已經超越南葉門。她掌控著交易貨物、交流思想和交換忠誠的網絡，該網絡向北延伸至今日的阿曼、卡達和巴林，向東延伸至印度的古吉拉特（Gujarat）。

在政治上，蘇萊希氏族的政權是法蒂瑪帝國的一個分支。法蒂瑪帝國的首都設於輝煌偉大的開羅城，這個帝國在穆斯林世界各地都擁有強大的盟友。它的勢力範圍遠大於位在埃及和北非的基地，一直延伸到了西西里、伊拉克、阿拉伯、伊朗、塔吉克，甚至遠至印度。阿爾瓦的叔叔發起的蘇萊希氏族大業，成功在十一世紀讓葉門親法蒂瑪朝的政治力量團結起來。

在阿爾瓦的一生中，有兩個主要的王朝政權在爭奪世界上龐大的穆斯林社群（umma）的領導權。兩者都聲稱自己是哈里發政權，也就是先知穆罕默德建立的政治傳統的合法繼承人。一個是都城位於巴格達的阿巴斯朝，另一個則是都城位於開羅的法蒂瑪朝。還有第三個勢均力敵的競爭者，那就是哥多華（Córdoba）的伍麥亞哈里發政權，但在阿爾瓦出生前幾年便已沒落失勢。阿巴斯朝和法蒂瑪朝在政治、軍事、經濟和意識形態上皆相互競爭。

在西元八世紀中葉所謂的阿巴斯革命勝利後不久，阿巴斯朝就在巴格達建立了政權。儘管法蒂瑪朝在幾個世紀後才在開羅立足，但也快速達到哈里發政權的高度輝煌。兩個哈里發政權都以伊斯蘭之名進行統治，也都支持伊斯蘭宗教機構。他們建立並資助清真寺，保存並執行穆斯林的儀禮，並贊助被稱為學者（ulama）的學識之士。

這兩個朝代的根本區別在於，阿巴斯朝奉行遜尼派，法蒂瑪朝則奉行什葉派。每一位阿巴斯朝和法蒂瑪朝的哈里發都會詆毀其對手為冒牌貨，並宣稱自己才是先知穆罕默德的正統繼承人。每個人都宣稱只有自己才擁有「信士的領導人」（amir al-muminin）這個頭銜。這不僅僅是個人行為。這兩個哈里發政權以不同的根據來正當化各自的宗教權威。

阿巴斯朝的哈里發以遜尼伊斯蘭的守護者自居。在他們的支持下，宗教學者闡明了穆斯林神學的各種信條，並試圖將先知穆罕默德的模範行為（即「先知傳統」）詳細地彙編成典。對這一詳盡行為準則的詮釋有時被稱為「伊斯蘭法」（sharia），構成了伊斯蘭律法的基礎。

在阿巴斯政權的統治下，宗教學者利用他們的專業知識，動員身邊的社會力量。考慮到法律思想和實踐上的各種立場、地區差異和偏好，阿巴斯哈里發政權正式認可了多達四個不同的伊斯蘭法詮釋架構。這些被稱為標準的遜尼四大法學派，分別是：哈那菲、沙菲儀、瑪利基和漢巴里學派，每一個學派都是以創立者的名字為名。

法蒂瑪朝倡導的則是一套不同的原則。他們要求遵從一個在世的個人化身，這個人象徵著先知穆罕默德所得到的神授權威（而這人非法蒂瑪朝的哈里發莫屬）。法蒂瑪朝統治者聲稱自己是受人尊敬的先知之女法蒂瑪的後裔，因此也是先知穆罕默德的後代，並以此來為這個政權命名。與阿巴斯朝的觀點相反，法蒂瑪朝的哈里發集政治和宗教權威於一身。原則上，他既是伊瑪目，也是哈里發。因此，比起編纂和詮釋伊斯蘭法這類容易出錯的嘗試，不如遵從他絕對正確的命令更為明智。

效忠阿巴斯朝的什葉派穆斯林和他們各地的盟友，都拒絕承認法蒂瑪朝的伊瑪目兼哈里發。十一世紀巴格達的什葉派社群菁英甚至簽署了一份文件，駁斥法蒂瑪朝自稱是先知女兒後代的說法。反之，在巴格達、庫法、巴斯拉以及庫姆（Qum）和內沙普爾等伊朗城市，多數的什葉派穆斯林採取了完全不同的替代方案。對他們來說，阿里和法蒂瑪的合法繼承人（也就是真正的伊瑪目）已經隱遁遠離公眾的視野。他只有在末日之際才會歸返，而無人能夠預知確切的日期。這樣的神學立場伴隨著極高的政治風險。

在葉門，阿爾瓦的叔叔把攻擊目標對準阿巴斯哈里發政權的政治權威，以及當地遜尼派宗教學者的權勢。在此之前，蘇萊希氏族一直都是奉行遜尼派的沙菲儀學派。阿爾瓦的叔叔以親法蒂瑪的「指引運動」（Campaign for Guidance）的名義，帶頭開展他的行動。宗教偏好的轉變反映了政治效忠對象的轉變，反之亦然。

婦女同樣參與了「指引運動」。在阿爾瓦的叔叔、她的第一任丈夫，可能還有她的第二任丈夫統治時，阿爾瓦和她的婆婆阿斯瑪在政治上都十分活躍。在一〇八九年的官方命令中，在位的法蒂瑪朝哈里發任命阿爾瓦女王監督印度的指引運動。此前，她曾以書信告知哈里發，當地之前的運動監督者已經去世，他的兒子忙於追求商業利益而忽略了與運動有關的職責。

在意識形態上，法蒂瑪朝的統治正當性來自於一名女性，儘管她是個不尋常的女人，也就是哈蒂嘉和先知穆罕默德的女兒法蒂瑪（見第二章）。在什葉派的世界觀中，阿里是繼先知穆罕默德之後最受尊敬的男人，除了他自己的許多其他功績之外，阿里還因為身為先知的女婿而受到讚揚。早在西元十世紀中葉，一位強勢的法蒂瑪朝哈里發所鑄造的金幣，或稱第納爾幣（dinar），就鑄刻著這樣的銘文：「阿里是先知指定的繼承人，是最優秀的代表，是閃耀貞潔之人的丈夫。」這裡所說的「閃耀貞潔之人」就是指法蒂瑪。

儘管在錢幣上明確提及一名女性在當時仍是特例，但發行紀念法蒂瑪出生、逝世和結婚的錢幣成為常態。這種錢幣利用了法蒂瑪哈里發政權聲稱擁有受人尊敬的血統來得利。此外，法蒂瑪的名字也被納入法蒂瑪朝慣用的祝福儀式中，在每次公共聚禮的佈道詞（khutba）開頭，都會提及法蒂瑪的名字：「讚美穆罕默德，讚美阿里，讚美貞潔的法蒂瑪，讚美哈桑和胡笙，讚美諸位伊瑪目，他們是信士領導人的先祖。」

法蒂瑪朝認可了阿爾瓦女王在葉門的統治，這反映出法蒂瑪哈里發政權對婦女參與政治活動抱持開放的態度。他們對女性統治者的大力支持，與競爭對手阿巴斯哈里發政權的政策和做法形成了鮮明的對比。在阿巴斯朝的統治下，宮廷裡的女性都是某人的母親、女兒、媳婦、姐妹、妻子、奶媽和妾室。透過政治上的牽線搭橋，合適的女性人選往往被當作表忠的信物。有時，她們會勸說有權勢的男人做決定。富裕的女子會捐錢建造清真寺，並資助其他的宗教工作。但女性的空間僅此而已。相比之下，法蒂瑪朝的女性不僅扮演了這些角色，還發揮更多影響力。在一〇二〇年代的數年間，有位王室女性幾乎掌管了整個法蒂瑪帝國。哈里發政權的臣民經常會向王室婦女請願，不僅向她們要錢，還懇求她們代表他們在政治事務上說項。在某些情況下，女性也會簽署並派送政治和外交文件。

阿爾瓦和她的婆婆阿斯瑪會跟法蒂瑪朝的哈里發，以及開羅宮廷裡的王室女子通信。許多信件都是純粹的官方信件，但也有些是私人信件，記錄著日常的歡樂或悲傷時刻，告知出生、離世和結婚的消息。阿爾瓦生下她兒子時，哈里發就親自送來一封蓋章署名的信來祝賀她。

一〇六四年，阿爾瓦的丈夫離世，前任哈里發的女兒寄了封慰問信給她。她確認了當時的哈里發認可自己的兒子是葉門的合法統治者，並堅持統治家族的成員和葉門的所有信徒都應該效忠阿爾瓦女王和她的兒子。這位兒子在阿爾瓦的叔叔被殺後不久後也離開人世。此後不久，在一〇六九年的一封信中，執政的哈里發的妻子讚揚阿爾瓦在她的王國裡大力推進指引運動。二十年後，同一位哈里發指派阿爾瓦負責法蒂瑪朝在印度的收益。哈里發的妻子在信中表示，她希望能看到葉門女王支持她兒子繼承哈里發政權。在時機適當的時候，阿爾瓦女王為他介入政局，好讓局勢對他有利。

那年是一〇九四年，繼承權的爭端讓法蒂瑪朝四分五裂。戰役四處爆發，其中也包括了亞歷山卓（Alexandria）的衝突。此時爆發了穆斯林與非穆斯林軍隊（十字軍）前所未有的軍事衝突，導致朝廷內部的動蕩和社會分裂更加惡化。

在十一、十二世紀之交，被稱作十字軍的基督教軍隊遭大規模動員，引發一連串改變世界的事件。第一次十字軍戰爭始於一〇九五年，最終於一〇九九年七月從穆斯林統治者手中奪下耶路撒冷。十字軍屠殺該城的穆斯林和猶太居民，建立起基督徒統治的耶路撒冷王國（Kingdom of Jerusalem）。

由於法蒂瑪朝的繼承權之爭，艱困的環境甚至迫使王室女子要用珠寶換取食物。有些人轉而在開羅的街道上乞討。有些文獻提到「雙腿豐滿的婦女被活活吃掉」的詭異報導可能純屬謠言，但也可能不是！

兩個主要的競爭派系是以他們支持的哈里發來命名：尼札爾（Nizar）的支持者與穆斯塔利（Mustali）的支持者。阿爾瓦女王也和其他法蒂瑪王室的女性異口同聲，支持穆斯塔利應該登上王位的主張。在她的影響下，穆斯塔利的支持者愈來愈多，遠遠超過了開羅的範圍，從葉門和阿曼，一直延伸到印度的古吉拉特都有他的支持者。她沒有辜負穆斯塔利的母親幾十年前在信中所表達的期望。

和葉門不同，法蒂瑪朝其他的勢力據點則是站在尼札爾那一邊。尼札爾的支持者離開了穆斯塔利在埃及的大本營，逃入高地地區，主要是今天的黎巴嫩、敘利亞、約旦，最東邊遠至伊朗和塔吉克。指引運動的另一種構想開始逐漸形成，在學說、組織和政治上的發展都獨立於開羅之外。隨著時間的推移，兩派人馬之間的分歧破壞了法蒂瑪哈里發政權的完整性。尼札爾的部分支持者與基督教十字軍聯合起來，蹂躪安提阿（Antioch）、阿斯卡倫（Ascalon）和耶路撒冷及其周圍支持穆斯塔利的村莊，不過十字軍並沒有直接影響葉門。

阿爾瓦女王維持著葉門的和平。即便部族起義頻仍，威脅到她對重要城市和要塞的掌控，但她寧願選擇外交手段而不是戰爭。她已經證明自己在必要的時刻是有能力作戰的，她冷血地報復殺害她叔叔和其他族人的西葉門部族，但阿爾瓦的外交技巧遠遠更為重要。她將宗教傳教和建立聯盟的工作，結合長途貿易和商業利潤分享，在印度洋盆地傳播伊斯蘭，並分享法蒂瑪政權帶來的利益。在十一、十二世紀之交，她的盟友在葉門、阿曼和印度都十分興旺發達，為了感謝她，她的臣民對她讚不絕口。在星期五的聚禮和宗教節日結束時，教士會相提並論她和法蒂瑪朝哈里發的名字，藉此認可她的權威。記錄阿爾瓦女王的成就和所處情勢的編年史家證實，在她的領導下，正義得到伸張，莊稼豐收，貿易繁榮，人民富裕。有些人形容她是個美人胚，有著黑色眼睛和深色皮膚，但在沒有任何具體描述的情況下，我們很難據此推測。

一一三八年阿爾瓦女王去世後，法蒂瑪朝在葉門的統治也戛然而止。一群宗教學者發動叛亂，迅速占領了她王位所在的堡壘。在政治上，他們以巴格達的阿巴斯哈里發政權為正統。在教義上，他們是遜尼派，遵循沙菲儀學派。十二世紀葉門反叛的沙菲儀學派學者同時重挫了法蒂瑪朝的宗主權、蘇萊希氏族的統治和什葉派的教義。他們希望在葉門看到遜尼派復興和沙菲儀學派的壯大，就像塞爾柱人從烏茲別克到敘利亞一路帶頭引領的浪潮。

為了表達他們對阿爾瓦女王遺產的蔑視，他們安排了一場演出。根據一份目擊記述，沙菲儀學派的宗教學者命令堡壘裡的女子穿上五顏六色的服裝，到屋頂上打手鼓，隨著音樂起舞。在這群宗教學者及其追隨者的世界觀中，受人尊敬的女子是不會跳舞的，尤其不會在眾目睽睽下舞蹈。因此，製造這樣的公開場面是為了詆毀阿爾瓦的統治，也是對蘇萊希氏族的公開羞辱。幾年之內，阿爾瓦從葉門一直到印度所孕育的信仰社群便已凋零。

法蒂瑪哈里發政權本身也搖搖欲墜，也終於在一一七一年垮台。庫德人（Kurdish）將軍薩拉丁（Saladin，約一一三八至一一九三年）因為給予法蒂瑪朝和十字軍致命一擊，經常受到讚揚。隨著法蒂瑪朝退出競爭舞台，儘管政局不穩，阿巴斯哈里發政權仍享受長達半世紀無可匹敵的統治。他們繼續原有的政策，也就是顛覆法蒂瑪朝所支持的任何舉措，其中包括賦予婦女政治權力。

儘管仍少有史料探討女性在法蒂瑪哈里發政權及其各勢力據點的角色，但阿爾瓦女王的例子顯示，在伊斯蘭歷史上，女性的政治和宗教權威早已獲得認可。

今天，處境艱難的葉門人民深情地銘記著阿爾瓦女王，視她為他們這片土地的女兒、偉大的統治者，更是傳奇的示巴女王當之無愧的繼承人。

第七章

行善濟世的女王——禿兒罕

生卒年約一二〇五至一二八一年

她是一位女王，最崇高的地位帶來吉祥之影，她貞潔而端莊，以公正、體面和高尚的道德品格進行統治。她的統治威力強大，她在位的日子繁榮昌盛……身為一位君主，她如同示巴女王一般，至於聖潔，她遵循的是拉比雅之道。

十三世紀是伊斯蘭歷史上的一個轉折點，蒙古人東來，阿巴斯哈里發政權垮台，許多城市生活中心幾乎毀壞殆盡。當時，有一位女性統治者不僅成功保全她的臣民平安無事，還為她所統治、位於現今伊朗南部的土地帶來繁榮。

我們認識她的這個名字是她的頭銜禿兒罕可敦（Terken Khatun，或拼作 Turkan）。在她所使用的在地突厥語中，「可敦」的意思是貴族婦女或公主。她出生時的名字和確切的日期或地點仍然未知。文獻告訴我們，在一二一〇年左右，年幼的她就在中國西部附近的某處，也許是在新疆（中國突厥斯坦）被俘為奴隸。因此我們可以推測，她出身自一個新入教的穆斯林家族，或甚至非穆斯林家族，有可能是信奉佛教。然而，她在成長過程中是個穆斯林，後來因為成為熱心慈善的模範人物和伊斯蘭學術的贊助人而家喻戶曉。

在禿兒罕被俘為奴隸時，花剌子模王朝（Kharazmshahi dynasty）的穆斯林統治者率領軍隊，正在劫掠中國西北邊境的土地。她可能是被經常跟在軍隊後方的奴隸主帶走的。她在偶然的機會下，很快就落腳在伊朗中部伊斯法罕城（Isfahan）的一名商人家裡。這名商人收養她為繼女，並不惜代價教育她。她是個聰慧漂亮的女孩，商人對她寄予厚望，也許是為了將來把他嫁給城裡的一位王子。然而，城裡的法官（qadi）試圖脅迫這名商人，企圖從他身邊帶走禿兒罕。於是商人便向花剌子模王朝的統治家族成員吉雅斯丁（Ghiyas-al-Din）提出控訴，他當時正好在遠征考察途中經過伊斯法罕。為了解決這個問題，這位王公帶走了商人的養女，並娶她為妻。一部寫於十四世紀的地方歷史說道，那位伊斯法罕商人如此回覆：「我以為你從虎口中救出了我，但當我走近一看，卻發現你才是虎。」

對這位商人、禿兒罕和世界來說，更具毀滅性的恐怖事件即將接踵而來。十三世紀的人們見證了蒙古人東來，這場漫長的入侵征戰根除或瓦解了穆斯林社會的傳統運行方式。

蒙古人一波接一波地到來。首先是成吉思汗（約一一六二至一二二七年），這位軍閥在十三世紀初統一了各個蒙古部族。他帶領他的騎兵進入穆斯林的土地，從現今烏茲別克的撒馬爾罕（Samarkand）和布哈拉，一路掃蕩到阿富汗的赫拉特（Herat）和伊朗的內沙普爾。在他的指揮下，蒙古人夷平諸城、燒毀莊稼、殺害人民，使大片土地成為廢墟。內沙普爾的法蒂瑪的故鄉已不復存在。當時的史料聲稱，蒙古人屠殺了數十萬人，並將幾十座城市夷為平地。現代學術界對這些數字提出質疑，認為蒙古人有可能誇大自己的軍力，從而在他們的敵人和他們自己的臣民心中灌輸恐懼。然而，不可否認的事實是，對旁觀的穆斯林來說，蒙古人就像是真主派來的詛咒。

成吉思汗在一二二二年左右回到蒙古本土，在四處留下他的封國統治者。其中一個蒙古封國政權於同年在克爾曼（Kerman）*形成，這是位於伊朗東南部的一座沙漠城市，可以便利地通往

* 編按：漢文史料又稱作「起兒漫」。

波斯灣的荷莫茲港（Hormuz）和阿曼海（Sea of Oman）。克爾曼的新統治者八剌黑（Baraq）自認是個完美的中間人和交易商。為了表示忠誠，他將自己的一個女兒許配給成吉思汗的次子察合台（一一八三至一二四二年）。他還向巴格達進貢，服從哈里發身為穆斯林宗主的權威。同時，他開始與花剌子模國王家族走得愈來愈近。八剌黑讓所有門路保持暢通，確保無論誰掌權，都將他視為盟友。然而，由於對自己的政治操縱感到不安，八剌黑對潛在的競爭對手毫不留情。因此，當機會出現時，他謀殺了來訪克爾曼、在他家作客的吉雅斯丁。那年是一二二八年，當時禿兒罕住在附近的亞茲德城（Yazd）的一位友人家中。在殺害她的第一任丈夫之後，八剌黑強行將禿兒罕帶到克爾曼，根據成吉思汗法典（Genghis's Decrees），即所謂的大札撒（Great Yasa），八剌黑聲稱她是自己的財產。幾年後，八剌黑在一二三五年去世。禿兒罕不得不再次保護自己的地位和性命，她首先與死者的繼承人商討處置，更重要的是，她還要與地方統治者之上的蒙古領主周旋。

她嫁給了八剌黑的姪子兼繼承人。然而，在本土王朝的蒙古領主壓力下，繼承安排有所改變，前任統治者的一個兒子登上了克爾曼的王位。禿兒罕和她的新丈夫於一二三六年離開了克爾曼，並在接下來的十六年七個月裡生活在蒙古帝國的東部，主要是在中國或其周邊地區。

成吉思汗的第三個兒子和繼承人窩闊台（約一一八五至一二四一年）以禮接待這對夫婦。在那些年間，窩闊台的注意力主要放在擴張蒙古的統治上，占領中國和朝鮮的大塊疆土。窩闊台去世後，他的妻子脫列哥那可敦（Toregene Khatun，卒於一二四六年）繼任，以她年幼兒子的攝政身分，統治了五年的時間。脫列哥那很喜歡禿兒罕，在她的支持下，禿兒罕和她丈夫在蒙古宮廷的地位有所提升，以至於當蒙哥（一二〇九至一二五九年）於一二五一年接任蒙古帝國的下一任大汗或可汗時，他任命禿兒罕的丈夫統治克爾曼。一二五二年，禿兒罕騎著馬陪同在她丈夫的身邊，一齊進入克爾曼城。

與此同時，一二五五年，成吉思汗的孫子旭烈兀（約一二一八至一二六五年）發動了第二波大規模的蒙古人入侵行動。在他的祖父回到蒙古故地的三十年後，旭烈兀又一次為穆斯林的土地帶來浩劫，停留的時間也遠遠更長。由於這位蒙古軍閥和他的部隊都不是穆斯林，他們對不同的穆斯林群體或教派都一視同仁。他們焚燒村莊，破壞灌溉系統，洗劫城市，把清真寺變成馬廄，無差別地燒殺搶掠。在伊朗東部和中北部，蒙古人摧毀了曾經親法蒂瑪朝的伊斯瑪儀什葉派（Ismaili Shias）的堡壘，這些什葉派穆斯林曾對抗阿巴斯哈里發政權及其遜尼派的地方盟友長達一百多年。旭烈兀推進到巴格達，並在一二五八年派人殺害阿巴斯朝的哈里發，於是在這座阿巴斯政權五百年前建立、一度輝煌的和平之城（City of Peace），最後一丁點殘餘的穆斯林統治勢力都遭到剷除。巴格達的陷落在穆斯林的集體記憶中留下一道缺口，隨著人們對哈里發政權的了解程度或深或淺，這道記憶中缺口也會或大或小。

禿兒罕的丈夫本身就是一位能攻善戰的將軍，他自一二五六年六月起加入了旭烈兀的軍隊。然而，他因為在軍中患病，必須回到克爾曼休養，並在一二五七年九月去世。禿兒罕不得不再次迅速採取行動。她派遣特使到旭烈兀的軍營（ordo，即斡耳朵）。她請求旭烈兀能夠允許她以年幼兒子的合法攝政者身分繼續統治克爾曼。這位蒙古軍閥此時在前往巴格達的途中暫時駐紮在哈馬丹（Hamadan），他下令採取權力分配的舉措。禿兒罕將會統領行政和財政事務，而她丈夫的養子則負責指揮軍隊。為了要改變這項決策，她離開克爾曼，親自前去面見旭烈兀。她主張自己若能夠擁有全部的權力，將會是克爾曼更出色的統治者，也會是蒙古人更有力的盟友。旭烈兀同意了她的要求。

禿兒罕於一二五八年得到統治權。有一部當時的克爾曼地方史如此描述她：

> 她是一位女王，最崇高的地位帶來吉祥之影，她貞潔而端莊，以公正、體面和高尚的道德品格進行統治。她的統治威力強大，她在位的日子繁榮昌盛……身為一位君主，她如同示巴女王一般，至於聖潔，她遵循的是拉比雅之道。

在多數鄰近地區都陷入混亂的艱難歲月裡，禿兒罕卻為克爾曼帶來更多繁榮。為了鞏固她與蒙古人的關係，她安排她的兒子與蒙古公主結婚，這位公主是阿魯渾（Arghun）的女兒。在幾年後的一二七一年，禿兒罕又把自己十六歲的女兒帕德沙可敦（Padshah Khatun）嫁給了旭烈兀的兒子阿八哈（一二六五至一二八二年在位），後者擁有蒙古帝國南部和西部的統治權，他治下的疆土從阿富汗一直延伸到今天土耳其境內的部分地區。和她的母親一樣，帕德沙也以其美貌聞名。根據當時的審美觀，美貌意味著長得像中國人或突厥人。十三世紀的抒情文學強烈反映出了這種審美偏好：杏眼、小鼻、平坦的面容上有紅潤的臉頰。當她的女兒還是個孩子時，禿兒罕便幫她穿上男孩的衣服，以轉移宮廷裡的任何男性不恰當的關注。

不久，克爾曼的經濟便蓬勃發展，農業正在成長，這座城市也成為紡織品的貿易中心而繁榮興盛。禿兒罕將獲得的財富花用在城市本身。慈善基金和公共機構鞏固了她的統治；這種慈善基金在伊斯蘭律法中被稱為「義產」（waqf），一直是一種控制財富的手段，將其用於教義允許的事業。十三世紀間，禿兒罕直接或間接地啟動了克爾曼的所有主要慈善捐贈事業。她的慷慨似乎永無止境。

雖然當時伊兒汗國的蒙古統治者還不是穆斯林，但在禿兒罕的領導下，克爾曼成為伊斯蘭學術中心，蓬勃發展。她重建並擴大了她丈夫在克爾曼建立的經學院。每星期有三天，她都會去建築現場監督興建進度。她指定多座果園和農田的收入要投入到經學院中，讓學院在夜間保持良好的照明，雇用教師，並支付學生津貼。根據一份現存的捐贈契約，有相當於七百二十曼（mans，一曼約等於三到五公斤）的小麥被用來支付經學院男僕的薪水，有相當於五百曼的小麥支付給女僕。數百年來，這座經學院的名字一直保留著她的稱號：貞潔女士經學院（Madrasa of the Chaste Lady）。

禿兒罕為經學院帶來一位備受關注的教師。然而，這個人卻辜負了她的信任。他與禿兒罕在當地的對手結盟，其中也包括她自己的兒子，他對於自己沒有更多的權力感到不滿。這位經學院教師甚至指責禿兒罕有不貞和不道德的行為。在伊斯蘭律法中，並不會輕易接受這樣的指控。《古蘭經》在責備阿伊夏的指控者時，經文本身便明確表述：「那些沒有提出四名目擊證人，就誹謗中傷已婚女子的人，對他們的懲罰是鞭笞八十下；並且自此以後不再採信他們的舉證，因為他們是不道德的犯罪者。」[1]這個對執政女王提出的指控沒有依據。可是，禿兒罕沒有鞭打指控她的人，她只是斷了他的津貼，並解除他的教職。身為女性生活並不容易，即使對一位女王來說也是如此。

她在一二六一年建立的醫院同樣利用了大量的捐贈收入。被任命的主治醫生每年收到相當於五千曼小麥的津貼。醫院的經營者每年兩千曼，駐院藥劑師每年一千曼，醫院裡的三名雇員每人每年七百曼小麥。

禿兒罕參與管理克爾曼的事務長達四十餘年。在克爾曼經歷了一段動盪期後，她的女兒帕德沙繼承了她的王位。帕德沙在位時間不長，她專注於維護她母親建立的義產基金。她母親過去聘請又解雇的那位教師後來發出一則教令（fatwa），宣布她的所有捐贈無效。他認為禿兒罕不夠虔誠，不能以她的名義擁有這些捐贈的榮譽。帕德沙請來另一位學者在她母親的經學院裡授課，他欣然宣布那則教令是無效的。

然而，禿兒罕逝世後，克爾曼的一段黃金時代也隨之告終。她在一個非常艱困的時期裡，保護了她的城市的安全和繁榮。她的遺產長存至今，尤其是成千上萬曾在克爾曼以她的名號命名的學校裡就讀的女孩和婦女，她們全都留有對禿兒罕的記憶。

第八章

完美的政治玩家——沙嘉拉

約一二五七年卒

在她短暫的一生中，她與一些人合作或勾結，損害了其他人的利益。她贏了幾把，但最終輸掉了這場賭局和她的性命。……沙嘉拉的成就啟發了不同的歷史觀察家，根據他們心中優先關注的特定議題來描述她。一九六〇年代的阿拉伯民族主義者將她視為爭取政治獨立的指路明燈。而女性主義作家仍持續把她當作中世紀強大女性領導人的典範。

十三世紀期間，貪婪成性的蒙古軍隊在穆斯林的土地上肆意妄為地破壞，只有克爾曼等少數地方倖免於難。然而，蒙古人的鐵蹄沒能越過埃及。埃及的一群馬穆魯克（Mamluk，意思是奴隸兵）指揮官阻止了他們的無情推進，在一二六〇年爆發於巴勒斯坦加利利地區（Galilee）東南部的艾因賈魯特戰役（Battle of Ayn-Jalut，此地名的意思是「哥利亞之泉」）中果斷地擊潰他們。

在這場戰役發生的幾年前，馬穆魯克將領們就已經完全掌管埃及。他們能夠崛起掌權的部分原因是一位傑出年輕女性的困境，我們將稱她為沙嘉拉（Shajara）。當來自外部的軍事壓力和內部的紛爭威脅著開羅穆斯林社會的結構時，沙嘉拉發揮她出色的才能，以政治家和領袖的身分解決了多重危機，同時還履行了身為妻子和母親的職責。

沙嘉拉原先是一名女奴，或是小妾。她的身世，甚至她出生時的名字，我們都已無從得知。關於她的最早記載是出現在一二三九年的年譜中，她名列眾多阿巴斯朝哈里發的後宮女奴之中。她可能是在一二三〇年前不久出生。有人說她來自亞美尼亞，因此是基督徒出身。也有人說，她是突厥人，因此出生就是穆斯林。哈里發把她從巴格達送到大馬士革或開羅時，她年約十一歲，被當作禮物送給了阿尤布（Aiyubid）王室的年輕王子薩利赫·阿尤比（Salih al-Aiyubi，約一二二五至一二四九年）。在當時，小妾、太監或男奴被認為是送給盟友的適切禮物。

阿尤布統治家族的成員代表阿巴斯哈里發政權，在黎凡特（Levant）的部分地區統治了三代之久，他們治理的大片領地包括埃及、敘利亞—巴勒斯坦、約旦和一些地中海東部的島嶼。著名的庫德族將領薩拉丁擊敗十字軍，並以阿巴斯哈里發政權的名義奪回了耶路撒冷之後，建立了阿尤布王朝（Aiyubid dynasty），這個名字是為了紀念他的祖先阿尤布（Aiyub），阿尤布是在西元十或十一世紀左右成為穆斯林的。

阿尤布家族的王子薩利赫為哈里發的禮物取了個名字。他稱她為沙嘉拉・杜爾（Shajara'-al-Durr），意思是「珍珠之樹」，或如某位譯者的表達，譯為「珍珠枝椏」。[1]她還擁有其他頭銜和名字，但最簡便的方式大概就是直接稱她為沙嘉拉。王子為這位年輕女子選擇的名字，顯示沙嘉拉是他生命中很重要的一個人。她以自己的奉獻和忠誠贏得了薩利赫的愛和信任，尤其是在一段艱困的日子裡。一二四七年左右，當一位敵對的阿尤布家族的表親將薩利赫放逐到克拉克城堡（Fortress of Kerak）時，沙嘉拉是唯一一名陪同他流放的女性。十字軍在十二世紀建造了這座由許多石頭拱頂通道組成、堅不可摧的迷宮堡壘，以保護他們的金銀財寶。如今古堡仍然矗立在約旦境內，成為旅遊景點。在流放的數年間，薩利赫王子只有兩個同伴，一個是沙嘉拉，另一個是強壯的突厥男奴，名叫拜巴爾斯（Baibars）。

為了表示感謝，薩利赫迎娶沙嘉拉成為他永久的妻子。她不再只是一介小妾，並為他生下一個兒子兼繼承人，他們替他取名叫哈利勒（Khalil）。這個男孩似乎為他們帶來好運，在一年之內，情勢就轉為對他們有利，這對夫婦遷往開羅，也就是阿尤布王朝的權力核心所在。沙嘉拉的丈夫如今成為國王。

可是他們不久便遭遇危機。一二四九年的夏天，基督教入侵者和穆斯林在黎凡特再次發生衝突的消息傳來。十字軍占領了北方的達米埃塔港（Damietta），並沿著尼羅河向開羅推進。沙嘉拉的丈夫不得不與他們作戰。這些戰役被基督教會的歷史學家美化為「十字軍戰爭」，但在當地編年史家眼中，不過是一夥來自西方的野蠻強盜的劫掠行為。

有人說，「十字軍戰爭」標記著西歐支配全世界的開始。然而，在當時，歐洲人的稱霸之路似乎遠非一帆風順或是已成定局。一一八七年，穆斯林軍隊重新奪回耶路撒冷，阿尤布的薩拉丁趕走了數千名占據耶路撒冷近九十年的基督徒。取代十字軍後，阿尤布王朝將其勢力擴展到整個地區。

薩拉丁確立了阿尤布王朝在兩個主要問題上的對應政策：打擊基督教十字軍，並在黎凡特地區推廣遜尼伊斯蘭，來對抗什葉派的法蒂瑪哈里發政權。到了一一七一年，他實際上已經把法蒂瑪朝勢力拉下權位，諸如在每星期五聚禮上的佈道演說中，肯認阿巴斯朝哈里發是穆斯林的君主；任命遜尼派法官；支持遜尼派建制機構，特別是在開羅、大馬士革和耶路撒冷。幾個世紀以來，在伊斯蘭律法中被稱為義產基金的法律手段，有助於讓統治者成為學術和德行的贊助者，從而獲得正當性。薩拉丁很有戰略地利用了這個手段。在阿尤布王朝的領土內，有幾所遜尼派的經學院和蘇非中心都仰賴他和他的後代所捐贈的收入。有的時候，薩拉丁選擇不承擔建築的花費，而是奪取亞美尼亞和拉丁基督徒的建築，改建給穆斯林使用。

薩拉丁在一一九三年去世後，耶路撒冷幾度易手。一二四八年，法蘭西國王路易九世（Louis IX，一二二六至一二七〇年在位）宣布發動新的戰役，要從阿尤布王朝手中奪回聖城。他從法蘭西王國南部起航，穿越地中海，並在繼續前往目的地之前，先踏上了埃及的土地。他已經算準進攻時機，企圖好好利用穆斯林統治者病弱的情報。薩利赫向法蘭西國王提議談判，但遭到他斷然回絕。於是他乘著轎子走上戰場，因為他的病情令他無力騎馬。在那個寒冷的秋天，沙嘉拉再次陪伴著他。

在抵禦入侵者的行動中，薩利赫因為嚴重的肺結核而去世。他當時四十四歲。他的年輕寡婦知道，一個國王死後，他的手下往往會叛變、樹倒猢猻散，甚至是加入敵人的陣營。阿尤布王朝的統治還能延續下去嗎？沙嘉拉必須為自己的性命和哈利勒（她和已故丈夫所生的兒子）的未來而戰。她能做些什麼來維持軍隊的士氣呢？她臨時想到了一個方法。她寄出通知給薩利赫的繼承人圖蘭沙（Turanshah），催促他趕來見她。同時，她隱瞞了國王的死訊。她切斷通往死者房間的所有通道，並繼續獨自在那裡用餐，表現得彷彿一切如故。黎巴嫩裔法國作家阿敏・馬盧夫

（Amin Maalouf）在他的暢銷書《阿拉伯人眼中的十字軍東征》（*The Crusades Through Arab Eyes*）中，精采地描述了事發經過。

在等待圖蘭沙抵達時，沙嘉拉接手執政。尼羅河每年的洪水氾濫要到十一月才會明顯消退，這有助於遏制十字軍的進攻。同時，她倚靠兩個同謀的盟友——她丈夫在軍中的得力助手和她在宮廷的太監。身為國王的妃子，她經常透過太監來傳達她的願望和命令，太監被視為既非男人、也非女人，因此能夠擔任合適的中間人。現在，沙嘉拉以薩利赫的名義發布法令，並讓太監以他的名義簽署這些法令。當正式文件到手，她便指派她的另一個盟友去指揮軍隊。她的計畫成功了。

馬盧夫在《阿拉伯人眼中的十字軍東征》中稱讚沙嘉拉是「神賜之人」。[2]多虧她的手腕解決了可能釀成災禍的危機，阿尤布家族至少暫時保住了他們的統治權。路易國王戰敗返鄉，諷刺的是，他必須面對一個女性強人，那就是他自己的母親卡斯蒂亞的布蘭卡（Blanche of Castile，一一八八至一二五二年），她趁他外出征戰時接手統治了法蘭西王國。

密謀的問題在於，即使成功，最後也往往會失去控制。無論沙嘉拉是否是神賜之人，她的角色很快就轉入一個未知的領域。在擊潰十字軍後，她已故丈夫手下的幾位將領覬覦著管理國家事務的更大權力。他們反對這位法定繼承人。在他們看來，這個人聲稱自己是這場重大勝利的唯一功臣，但其實是他們的功勞。他們抗議圖蘭沙優厚自己的部隊，怠慢了來自開羅的部隊。這位主張擁有阿尤布王朝統治權的繼承人未能有效反擊，幾名士兵在一二五〇年殺死了他。沙嘉拉已經準備萬全，願意充分利用當下的嚴峻情勢，她與軍隊的領導階層達成協議。她施予他們大量的恩惠和公職，說服將領繼續聽命於她。這麼做意味著，儘管只是表面的和平，但他們並沒有造反對抗阿尤布家族，也就沒有反叛阿巴斯哈里發政權。接受沙嘉拉的統治權威，還能減輕他們謀殺圖蘭沙的道德責任。他們可以為自己的所作所為辯護，甚至合理化謀殺是為了展現對已故阿尤布君王的妻兒的忠誠，而不是叛變的暴行。將領們甚至更進一步，將沙嘉拉推上王位。他們尊稱她為烏姆．哈利勒（Umm Khalil），意思是「哈利勒的母親」，並承認她是他們的女君主，也就是女蘇丹（Sultana）。這一舉措標記著他們對阿尤布王朝和阿巴斯哈里發政權忠貞不渝。

身為在位的埃及女王，沙嘉拉證明了她的能力，她收復達米埃塔，清算十字軍在埃及侵占的土地，並贖回他們的戰俘。不久，她便擁有一枚王室璽印，上面刻著「烏姆—哈利勒」。她以自己的名義鑄造錢幣，在每個星期五的聚禮儀式上，遜尼派的佈道師會在演說時肯認她的權威。在沙嘉拉的統治期間，埃及一片祥和安穩。

然而，阿巴斯朝的哈里發穆斯塔綏姆（al-Mustasim，一二四二至一二五八年在位）仍舊提出異議。沙嘉拉越界了嗎？也許哈里發眼看一名來自他父親後宮的前女奴，如此得心應手地掌權，而為此感到害怕。也許巴格達的遜尼派宗教學者提醒他我們在前文看到的那則聖訓，也就是先知的友伴阿布—巴克爾幾世紀前，在巴斯拉譴責阿伊夏參與駱駝之戰時憶起的那段話：「屈從於女子的統治必將導致墮落。」無論這些父權擁護者當時用什麼理由來暗中顛覆沙嘉拉的權勢，他們都是在她的身上看到必須立即消除的威脅。

在政治上和法律上，巴格達的阿巴斯朝哈里發對其手下的穆斯林戰士擁有絕對的權威，這些以他之名舞劍的戰士也包括阿尤布王朝及其將領。那些不服從哈里發的人就不會被認可為國王和合法的戰士，而只是不守規矩的軍閥和叛逆的強盜。即使是最威鎮四方、目中無人的將領也屬於哈里發所有，簡直就像個奴隸，或稱馬穆魯克。與普遍定義的奴隸不同，馬穆魯克原則上可以且經常坐擁大權和難以置信的財富。然而，無論他們擁有多少權勢，馬穆魯克對哈里發的忠誠和服從高於一切。

阿巴斯朝的哈里發穆斯塔綏姆威脅埃及的馬穆魯克，命令他們把沙嘉拉拉下王位，否則他將派一位新的蘇丹來統治他們。為了避免這場危機，沙嘉拉找到了一條出路。她放棄自己的權位，並嫁給其中一位馬穆魯克將領。這個人名叫阿伊貝克（Aybek），他將會成為新的總司令。如果我們設身處地推想沙嘉拉當時的選擇的話，首先，這麼做給了她證明自己繼續效忠哈里發的機會；其次，將阿尤布王朝的統治正當性轉移到她的新丈夫身上，也可以保障她兒子的繼位權利；

第三，她仍然可以在重要的事情上施加影響，就像她在第一任丈夫統治期間的做法。沙嘉拉的退位於一二五〇年七月三十日生效。她只以自己的名義統治了八十天，尚不足三個月。

摩洛哥社會學家法蒂瑪・梅尼西重新審視沙嘉拉的特例時，批評這位埃及女王太輕易屈服於哈里發的要求。在她的《被遺忘的伊斯蘭女王》（*Forgotten Queen of Islam*, 1993）一書中，梅尼西譴責沙嘉拉為了爭取哈里發的好感，竟做出放棄王位這種孤注一擲的嘗試，並視之為可悲的軟弱之舉。[3]梅尼西認為，沙嘉拉應該反抗，應該想想在幾個月前，她默許消滅圖蘭沙，並從這場謀殺中獲益，為她帶來何等成就。但這樣的評價公平嗎？若仔細檢視馬穆魯克和哈里發之間的脆弱關係，以及馬穆魯克在自己軍隊內部的殘酷競爭，我們便能發現實際情況相當複雜。

在薩利赫死後，沙嘉拉與一群馬穆魯克結盟，這些馬穆魯克仍然忠於她已故丈夫的遺緒，因此也效忠她和她的兒子哈利勒。此後，她倚靠她已故丈夫的戰友，特別是武藝高強的戰士拜巴爾斯。從她與薩利赫一起在克拉克城堡流放的日子起，她就認識拜巴爾斯了。拜巴爾斯十分厭惡阿伊貝克和他的那群馬穆魯克同夥。在與哈里發鍾愛的人選合作，來滿足哈里發的要求後，沙嘉拉繼續倚靠她經年累月的馬穆魯克盟友來影響事態的發展，這些盟友盡其所能地破壞阿伊貝克的權力基礎。她的新丈夫阿伊貝克經常要離開宮廷，外出參與軍事行動，這使得沙嘉拉可以在他間歇性離開期間，實際統治埃及。即使他在家的時候，這位前女蘇丹也在幕後掌權。

從一二五〇年開始，到一二五七年的血腥結尾，這段婚姻關係一直十分緊張。沙嘉拉拒絕向阿伊貝克透露阿尤布家族存放財寶的地點，阿伊貝克則是反過來讓她沒有好日子過。他極力想削弱沙嘉拉在馬穆魯克集團中的權力基礎，但沒能成功。不過，為了完全削弱沙嘉拉的地位，阿伊貝克試圖讓一些新的女子加入他的後宮，這不僅是為了在感情上傷害她，也是為了與當地部族首領建立牢固的聯姻關係，這些首領可以幫他拔除那些反對他的馬穆魯克。阿伊貝克還聲稱，他是代表一名阿尤布家族的六歲年幼王子進行統治，這名王子的王權應當優先於沙嘉拉的兒子哈利勒。

沙嘉拉的命運走向迅速揭曉。根據中世紀的編年史所述，當她發現阿伊貝克打算娶另一名女子為妻時，她情緒失控了。這可能是中世紀編年史家另一個過度簡化的例子。他們說這就是沙嘉拉下令殺害他的原因。他們為自己簡化的敘述加油添醋，描述被憤怒蒙蔽雙眼的沙嘉拉，如何引誘他進到她的蒸氣浴室（hammam）。她的太監將他毆打至死，而她則是把肥皂抹到他的眼睛裡。這個故事尚未結束，編年史還告訴我們，在幾天之內，沙嘉拉遭到逮捕，並被送到她的死對頭——阿伊貝克的第一個妻子那裡。這個憤怒的女人將她殺死，並命令將她的屍體扔到城堡的城牆外。開羅街頭的流浪狗啃噬了沙嘉拉的屍體。

除了「女人要提防女人」和「受鄙視女人的怒火比地獄還可怕」這些老生常談之外，我們應該注意到，沙嘉拉是個完美的政治玩家。某些歷史學家聲稱馬穆魯克把她當作棋子利用，來阻撓他們的競爭對手爭奪埃及的王位，但這同樣是過度簡化的說法。沙嘉拉只活了二十八歲左右。在她短暫的一生中，她與一些人合作或勾結，損害了其他人的利益。她贏了幾把，但最終輸掉了這場賭局和她的性命。她的死亡標記著阿尤布王朝的終結。

在歷史上，沙嘉拉將阿尤布王朝和馬穆魯克在埃及的統治聯繫起來。蒙古軍隊於一二五八年進入巴格達，殺害穆斯塔綏姆，終結阿巴斯哈里發政權。沙嘉拉短暫的生命和悲慘的結局為馬穆魯克的崛起提供了空間，他們不再僅是一群戰士，而且是一股令人生畏的政治力量。有人說，最終給予沙嘉拉最後一擊並殺死她的男人不是別人，正是她曾經的盟友拜巴爾斯，他因為在黎凡特地區建立起獨立的馬穆魯克統治勢力而聞名。

一如史料的詳細記載，沙嘉拉的成就啟發了不同的歷史觀察家，根據他們心中優先關注的特定議題來描述她。一九六〇年代的阿拉伯民族主義者將她視為爭取政治獨立的指路明燈。而女性主義作家仍持續把她當作中世紀強大女性領導人的典範。

第九章

直布羅陀女王——胡拉

生卒年約一四九二至一五六〇年

胡拉出生於一四九二年左右，這重大的一年是世界歷史上的一個轉折點。在這年發生的最為著名的事件，就是出身熱那亞的航海家哥倫布完成了他的第一次跨大西洋航行。這所謂的「發現新大陸」事件預示著全球規模的經濟、政治和文化變革。

當蒙古人的入侵浪潮在伊斯蘭世界東部消退後的一個世代，在地中海西部和伊比利半島地區，基督教歐洲對穆斯林發動的新一輪攻擊卻愈來愈猛烈。

二〇一七年，聯合國教科文組織將地中海港口小城泰圖安（Tétouan）納入全球創意城市網絡（Creative Cities Network）[1]，認可了這座擁有近四十萬人口的摩洛哥西北部城市的手工藝和音樂傳統。泰圖安位於距離直布羅陀海峽南側幾英里的內陸，與丹吉爾（Tangier）相隔約六十公里。在五百年前，有位穆斯林女子曾統治過泰圖安。同時期的西班牙人稱她為「女蘇丹」或「海盜女王」。在這個篇章，我們將稱她為泰圖安的胡拉（Hurra of Tétouan），或簡稱她為胡拉，這是她在穆斯林史料中的稱號賽義妲·胡拉（Sayyida al-hurra）的縮寫，意思是「自由或高貴之女」。

胡拉見證了穆斯林在伊比利半島的統治終結，這個地區被穆斯林稱作安達盧斯（al-Andalus）。在十五、十六世紀之交，西班牙和葡萄牙的統治者開始試圖征服穆斯林的領土，包括安達盧斯和直布羅陀海峽對側的西北非，也就是馬格里布地區（al-Maghrib）。這些戰役就像更新版本的十字軍戰爭，被稱為「再征服」（Reconquista，又譯作「收復失地運動」），為的是從他們通常稱為摩爾人（Moors）的穆斯林手中奪回伊比利地區。胡拉在童年時就因這波攻擊而失去了家園，在近半個世紀的時間裡，她一直在抵抗敵人進一步侵占她的故土。

少有關於胡拉的細節記載留存至今。就連她的名字和身分也依然成謎。有些人說她出生時的名字是阿伊夏，但這一點仍無法確認。[2]同時代的西班牙人詆毀她，說她是海盜，而大多數穆斯林編年史家則是完全忽略了她。西班牙的文獻顯示，她擁有女蘇丹的頭銜，亦即女性君主。少數提到胡拉的穆斯林史料中使用的頭銜是「高貴的女士」（Sitt al-Hurra）。

胡拉出生於一四九二年左右，這重大的一年是世界歷史上的一個轉折點。在這年發生的最為著名的事件，就是出身熱那亞（Genoese）的航海家哥倫布（Christopher Columbus）完成了他的第一次跨大西洋航行。這所謂的「發現新大陸」事件預示著全球規模的經濟、政治和文化變革。同年，資助哥倫布海軍任務的王室夫婦從安達盧斯驅逐了數萬名穆斯林和猶太人。將非基督徒趕出安達盧斯和派遣哥倫布是「再征服運動」中的兩個相關聯的步驟。阿拉貢的斐迪南（Ferdinand of Aragon）和卡斯蒂亞的伊莎貝拉（Isabella of Castile）透過婚姻將各自的王國合而為一，他們認為在他們持續擴張的天主教疆土上容不下一位異教徒。哥倫布說服了這對統治者，他們將獲得跨大西洋的巨額財富。他將他的旗艦命名為「無原罪聖母號」（La Santa María de la Immaculada Concepción），也反映了這項事業的宗教目的。回顧歷史就會發現，新大陸除了提供充足的金銀儲藏外，還被認為是使當地人改宗基督教的新前線。

這一切正在發生時，胡拉還是一個小孩子。她的出生地舍夫沙萬（Chefchaouen）是她父親建立的一個城鎮。據說她被命名為胡拉，或阿伊夏·胡拉，是源自她父親的盟友阿布·阿布杜拉·穆罕默德（Abu Abdallah Muhammad）的母親，這位盟友是格拉納達（Granada）的末代穆斯林統治者。舍夫沙萬位於今天的摩洛哥境內，是個熱門的旅遊勝地，最著名的是其美麗的藍色建築外牆和鵝卵石街巷。

胡拉的父親穆雷·阿里（Mulay Ali）和他的祖先與該地區有著密切的聯繫，歷史可以追溯到八世紀，當時早期穆斯林戰士擴張浪潮已經到達那裡。在一四七一年時，他已在舍夫沙萬定居，把那裡當作里夫山脈（Rif Mountains）的一個基地，用來攻擊葡萄牙人在休達（Ceuta）和丹吉爾的利益集團，這兩個地方分別位於東北方和西北方約一百公里處。胡拉的母親拉拉·祖赫拉·費南德斯（Lalla Zohra Fernandez）來自直布羅陀海峽西班牙一側的貝赫爾·德拉夫龍特拉（Vejer de la Frontera）的山頂。

到了一四九二年，穆斯林的存在已經影響了伊比利半島歷史七個多世紀。早在七一一年時，阿拉伯人和他們的當地盟友就已經控制了大西洋和地中海之間的海上據點。那裡的主要通道直布羅陀（Gibraltar），是阿拉伯語 Jabal al-Tariq 的訛音，意思是「塔里克之山」，源自一位當地的穆斯林軍隊指揮官塔里克。

在胡拉出生的幾十年前，葡萄牙王子航海家亨利（Henry the Navigator）在一四一五年占領了休達具有戰略性的港口，這位王子經常被視為揭開地理大發現時代序幕的功臣。在一四三七年時，他的軍隊夷平了泰圖安的港口，因為他們對於有個穆斯林據點如此接近他們在休達的基地，感到不滿。到一四七一年時，他們的軍隊占領了丹吉爾和其他的穆斯林據點，迫使成千上萬的人們淪為奴隸。與此同時，西班牙軍隊還襲擊了格拉納達。當哥倫布在加勒比海岸登陸時，格拉納達的最後一位穆斯林統治者已經投降了。

在成長過程中，胡拉從她的家鄉舍夫沙萬最著名的宗教學者成員那，接受了良好的教育。她能說或聽懂卡斯蒂亞語和葡萄牙語，還能通阿拉伯語和可能至少一種當地的柏柏爾語（Berber）方言。這座小鎮位於知識和貿易中心菲斯（Fez）與安達盧斯幾座城市之間的海路和陸路交叉口，擁有豐富的傳統遺產。在當時，追求伊斯蘭學問知識和蘇非主義男女聖徒的神之恩典（baraka）都是社會地位的標記。擁有先知穆罕默德的直系後裔身分也是一大象徵。胡拉的氏族聲稱自己是先知後裔（sharifs）。她十二世紀的祖先伊本·馬席什（Ibn Mashish）是一位受人尊敬的蘇非行者和先知後裔。因此，在她同時代的人眼中，她家族的尊貴身分早已確立。

在一五一〇年時，胡拉嫁給了穆罕默德·曼達里（Muhammad al-Mandari），這個年輕人來自一個最初發源於格拉納達的重要政治家族。他從一五〇五年起就開始治理泰圖安。不久，他們生下一個女兒。在再征服運動中，她丈夫的家族丟失了格拉納達的地產。胡拉的丈夫一如他的族人，以抵抗外來勢力對其故土的攻擊為榮。他的叔叔西迪・阿布—哈桑（Sidi Abu-al-Hasan）因為從葡萄牙人手中奪取泰圖安，並重建港口、確保穆斯林商貿繁榮，而聲譽卓著。在高峰時期，泰圖安的貿易聯繫一直向東延伸到了黎凡特地區，北至斯堪地那維亞。

胡拉與穆罕默德的婚姻鞏固了兩個著名氏族之間的關係。他們聯合起來抵抗葡萄牙人從沿海地區向內陸山區進犯。她的家族人脈和個人特質讓她成為一個有力且寶貴的夥伴。她的父親統治舍夫沙萬。她的哥哥在菲斯蘇丹的宮廷裡地位崇高。穆罕默德經常徵詢她的意見，當他不在泰圖安時，他會放心將重要的事務交給胡拉處理。正如摩洛哥學者哈斯納・勒巴迪（Hasna Lebbady）所言：「她的男性親屬十分信任她，這似乎是安達盧斯—摩洛哥女性的普遍特徵……她知道在不同的情況下需要做些什麼，而這些都是讓她夠格成為一名領導者的特質。」[3]這樣的模式一直持續到穆罕默德去世，他離世的確切年分不詳，大約是在一五一五至一五二九年之間。在這之後，胡拉獨攬統治大權，她的權威延續了十多年，甚至二十多年，都沒有受到質疑。

葡萄牙和西班牙的史料總是試圖替胡拉貼上海盜的標籤，以此來汙衊她。當然，叛變的海盜和正當的航海家之間的界線何在取決於個人觀點。一方口中的海盜可能是另一方心目中的海軍上將。若把胡拉形容成一名海盜，或說是一位千真萬確的海盜女王，其實是對她的誤解。在她的時代，泰圖安是摩洛哥唯一不受葡萄牙控制的主要港口。這個城市本身沒有艦隊，所以胡拉和她在直布羅陀海峽兩岸的同夥確實與當地私掠船合作，一起攻擊葡萄牙和西班牙的船艦。勒巴迪觀察到：「十六世紀的海盜行為非常猖獗，而且絕非僅限於地中海南部海岸……英國海盜經常攔截從美洲歸來的西班牙大帆船，他們的戰利品是伊莉莎白一世女王（Queen Elizabeth I）政府的主要收入來源。」[4]歐洲的史料還進一步控訴，胡拉對待休達統治者的態度是徹頭徹尾的輕蔑。他們還記述，穆斯林會俘虜基督徒並從中獲得贖金。但事實是，穆斯林和基督徒都曾透過這種惡劣的做法獲利。這就是戰爭。這就是買賣生意。

多年來，胡拉與葡萄牙國王若昂三世（King João III，一五二一至一五五七年在位）作戰，他是斐迪南和伊莎貝拉的孫子。雙方多次對戰期間，不時會穿插著談判和短暫的休戰。不可否認他們之間的衝突具有宗教色彩，每個對手都認為對方是神的敵人。宗教狂熱助長了再征服運動，同理，胡拉也明確表態，來強調她肩負信仰捍衛者的角色。基於共同的宗教理由，胡拉還聯絡了同時期的鄂圖曼帝國（Ottoman）蘇丹蘇萊曼大帝（Suleyman the Magnificent，一五二〇至一五六六年在位）。

鄂圖曼帝國正在不斷擴張，氣勢銳不可擋。在一四五三年，鄂圖曼蘇丹穆罕默德二世（Mehmet II）征服了君士坦丁堡，並將其更名為伊斯坦堡（Istanbul，或拼作Islambol，字面意思是「充滿伊斯蘭」或「伊斯蘭的居所」）。靠著這次勝利，他實現了一個長久以來的願望。在此後的半個世紀裡，鄂圖曼人似乎所向披靡。自一五一七年起，他們在埃及打下穩固的基礎，並占領了現今阿爾及利亞的非洲海岸線上的許多城市。有位令人生畏的鄂圖曼盟友駐守在他位於阿爾及爾（Algiers）的權位，統治著北非的大部分地區，他在強大的鄂圖曼帝國海軍中擁有海軍上將（Kapudan Pasha）的軍銜。歐洲的史料稱他（或他的兄弟，記載並不明確）為巴巴羅薩（Barbarossa，意思是「紅鬍子」），並把他當作海盜來詆毀，一如他們看待胡拉的方式。

鄂圖曼人自稱是伊斯蘭的捍衛者。因此，他們會支持敵人的敵人。而他們的敵人是葡萄牙人。胡拉有了鄂圖曼帝國撐腰，在巴巴羅薩和他的大型艦隊的主導下，擊退了葡萄牙人，並保全對泰圖安的掌控，不僅在她丈夫死後如此，更持續統治到她具影響力的兄弟於一五三九年去世之後。然而，鄂圖曼人很快意識到，軍事和商業合作並沒有帶來他們所預期的回報，於是他們決定不再需要胡拉了。而當休達的葡萄牙總督切斷與泰圖安的商業聯繫時，當地商人怨聲載道。這個情況相當嚴峻，需要強而有力的回應。

為了鞏固她的地位，胡拉向她的兄弟曾經效力過的強勢菲斯統治者提出婚約。他們在一五四一年舉行的婚禮壯觀得媲美王室婚宴。在當時，她已年近五十，而他比她年輕十歲左右（他的確切年齡不詳）。

婚禮時，她並沒有前往菲斯，而是他來和她會合。蘇丹本人和一群隨從從菲斯來到泰圖安。

雖然雙方是基於共同的政治目的而結婚，但這段婚姻關係並不傳統：從一開始，丈夫和妻子就同意分居。儀式結束後不久，新郎就回到菲斯，留下他的新娘掌管她的城市。胡拉曾希望倚靠她新婚丈夫的政治關係，將她領土的事務與摩洛哥本土的事務合而為一。蘇丹對她關懷備至，特別是考慮到他自己手上握有的權力並不穩固。一支新的當地氏族正從南方進犯他的疆土，擁有有力的民意支持和卓越高超的軍事能力。

胡拉同父異母的兄弟和娶她獨生女為妻的女婿與這個新王朝結盟，背叛了胡拉和她的新丈夫。在一五四二年十月二十二日，他們在一隊騎兵的陪同下來到泰圖安，推翻了胡拉的統治，並和菲斯的政權脫離關係。胡拉被流放到了舍夫沙萬，在那裡度過餘生。

今天，在舍夫沙萬博物館（Chefchaouen Museum）裡，由藝術家的想像創作出來的胡拉肖像迎接著遊客。勒巴迪認為她是「活在民族歷史和民間傳說之中的安達盧斯—摩洛哥女英雄」之一。[5]

第十章

薩法維王朝的強人——帕里

一五四八至一五七八年

塔赫馬斯普國王把最好的一切都給了帕里，在他的七個女兒和十二個兒子中，帕里是他的最愛。他擁有許多妻妾和孩子。他欣賞帕里的聰慧和可愛的舉止，希望她盡可能接受最好的教育。史料告訴我們，她曾學習過馬術、詩歌和書法，以及伊斯蘭律法和法理學。因此，她既會閱讀、寫作、分析思考，又會騎馬。

在她的溫柔面前，清風如柳條般吹拂顫抖，
嬌羞地送上花朵的獻禮。

——約一五七五年，薩法維王朝早期詩魁之作

伊斯蘭歷史在近代早期進入了一個新的發展階段，所謂的近代早期大致上包括了十六和十七世紀。在這個時期，鄂圖曼、蒙兀兒和薩法維王朝（Safavid dynasty）統治著廣闊的領土，西至歐洲的巴爾幹半島，東至馬來半島。

在伊朗，有幾位令人敬畏的女性曾在幕後操縱薩法維王朝的政局，但沒有一人可以像帕里．哈努姆（Pari Khanum）那樣堅定、可敬和高效。在她出生前的半個世紀，她的祖父伊斯瑪儀一世國王（Shah Ismail I，一五〇一至一五二四年在位）創立了一個新王朝，並以其氏族十三世紀的祖先薩菲丁．阿爾達比里（Safi-al-Din Ardabili）的名字命名。在帕里去世幾十年後，她的姪子阿巴斯一世國王（Shah Abbas I，一五八八至一六二九年在位）將他王朝的國勢提升到了最高峰。他把薩法維王朝的新首都伊斯法罕建設得如此宏偉，以至於訪客會說，看過伊斯法罕，就相當於看過一半的天下盛景。

在薩法維王朝國力的頂峰時期，國王統治著北起裏海、南至波斯灣的伊朗土地，而且還擁有

遠超今日伊朗範圍的廣大領土，從東到西，囊括有今天的阿富汗、土庫曼、亞美尼亞、喬治亞、亞塞拜然、達吉斯坦（Dagestan）、土耳其和伊拉克。

帕里的父親塔赫馬斯普國王（Shah Tahmasp，一五二四至一五七六年在位）是該王朝在位時間最長的君主，他穩定了其廣袤領土的情勢，並和多個利益相互衝突的團體建立了穩固的關係。絲綢產業在他的王家工坊中蓬勃發展，而他在一五四六年將古城加茲溫（Qazvin）選為都城，吸引了文人、書法家和工匠紛至沓來，這座城市以其溫和的氣候和美麗的波斯花園歡迎著人們到來。什葉派的宗教學者經過了幾個世紀處於社會邊緣的不友善境遇後，開始在伊朗獲得強勢地位，因為薩法維家族的國王熱衷於支持什葉派學者和學術研究。到十六世紀中葉的時候，在薩法維國王的贊助下，已經出現數百部學術著作。隨後，沉寂了幾世代的遜尼派與什葉派的衝突再次爆發。薩法維家族煽動了派系衝突的火焰，這是他們對抗來自鄰國鄂圖曼帝國的政治、經濟和意識形態威脅的一種對抗策略。然而，在一五七六年衝突重新爆發後不久，塔赫馬斯普就去世了，留下了一個被內部衝突撕裂的朝廷。

帕里出生於一五四八年，也就是她父親在位擔任薩法維國王的第二十五年。宮廷編年史記載她的出生日期是在這一年的八月六日至九月四日間的某個時段，從占星學的角度看，這四個星期預示著她會是個強勢的獅子座，同時帶有些許的處女座個性（當時的伊朗宮廷對占星學十分重視）。大多數編年史記錄她的名字是帕里汗・哈努姆（Pari-Khan Khanum），字面翻譯是類似「帕里女士—先生」（Lady-Sir Pari）這種矛盾稱謂。這很可能不是她出生時的名字，而是一個宮廷頭銜。波斯語中的「帕里」（pari）一字與英語中的「仙女」（fairy）一字同源，是個適合女孩的名字，所以這可能是她的出生名。當然，用名字稱呼王室女性是不常見的做法，而且會被認為有失尊重，所以自然要加上「哈努姆」的稱謂，也就是突厥語的「女士」。在一個女人的名字中加上「汗」（突厥語中「領主」的意思）似乎很奇怪，但這是有先例的，國王塔赫馬斯普自己的妹妹也擁有同樣的頭銜，即帕里汗・哈努姆。為了清楚區分，我們將把這位姑媽稱為帕里・哈努姆一世（Pari Khanum I）。也許這種男性頭銜「汗」與女性頭銜「哈努姆」的奇怪組合是為了傳達一種概念，用來指稱一名女性施行通常由男人掌握、也專屬於男性的權威。

帕里的出生地離她父親當時的首都大不里士（Tabriz）約一天的騎馬路程。她的母親是一位公主新娘，來自切爾克西亞（Circassia）的一個權勢家族，該地區位於高加索山脈的黑海東岸。伊斯瑪儀國王把他懷孕的妻子送到大不里士附近清淨又美好的山區，希望她和她的孩子能吸收到這片土地的精神力量，他相信那股力量就蘊藏在這裡備受祝福的樹林和令人醉心的美麗溪流之中。

塔赫馬斯普國王把最好的一切都給了帕里，在他的七個女兒和十二個兒子中，帕里是他的最愛。他擁有許多妻妾和孩子。他欣賞帕里的聰慧和可愛的舉止，希望她盡可能接受最好的教育。史料告訴我們，她曾學習過馬術、詩歌和書法，以及伊斯蘭律法和法理學。因此，她既會閱讀、寫作、分析思考，又會騎馬。

帕里九歲或十歲時，國王將他心愛的女兒許配給他最喜愛的姪子。這位年輕的王子代表國王治理著伊朗東南部偏遠的錫斯坦省（Sistan）。然而，這兩人在婚姻中從未圓房，有人說是因為塔赫馬斯普國王選擇不把帕里送到離他如此遙遠的地方。然而，這並不妨礙他促成這樁婚事，部分原因是為了表達對其姪子的全力支持的政治意義。政治婚姻塑造了薩法維波斯女性角色的背景。王子和公主們與其他統治氏族聯姻，擴大忠誠網絡，加強聯繫，也獲得了額外的利益。伊斯瑪儀國王的母親瑪爾塔（Marta）來自特拉比松（Trebizond）的基督教王國王室。他的祖母狄奧多拉（Teodora）也有同樣的出身，她也被稱為「德斯彼娜可敦」（Despina Khatun）。透過聯姻，特拉比松的基督教國王和伊朗西北部游牧部族的什葉派穆斯林首領結成聯盟，對抗他們共同的敵人鄂圖曼人。時機成熟時，伊斯瑪儀國王便娶了來自摩蘇爾（Mosul）的庫德族首領的女兒。他們生下的女兒帕里．哈努姆一世，藉由一連串的政治婚姻，在維護薩法維王朝主權上發揮了決定性的作用。

薩法維王朝在查爾迪蘭戰役（Battle of Chaldiran，一五一四年）被鄂圖曼帝國的砲火徹底擊敗後，他們的生存就得部分仰賴與裏海西部和南部盆地地區的王公貴族結盟。為了推行這一政策，帕里．哈努姆一世先是嫁給了希爾萬（Shirvan）的國王，然後是吉蘭（Gilan）的國王，最後是沙基（Shaki）的統治者。後來，她嫁給自己的一個堂表親，他是來自齊茲爾巴什（Qizilbash）聯盟內伊斯塔吉魯氏族（Istajlu clan）的政要。

在十五、十六世紀之交，齊茲爾巴什聯盟的戰士曾發誓效忠國王伊斯瑪儀。他們在他年僅十三歲時就為他加冕。齊茲爾巴什聯盟的組織形式更像是個蘇非教團，而不是民族或部族聯盟，這個聯盟將生活在十三至十四世紀的蘇非導師薩菲丁．阿爾達比里的追隨者團結起來。薩法維王朝的歷代國王都是他的後裔，王朝名也是來自於他。伊斯瑪儀國王倚靠齊茲爾巴什聯盟的軍事才能，建立了他遼闊的王國。組成齊茲爾巴什聯盟核心的氏族在塔赫馬斯普國王的統治下仍然很強大，他們經常爭相影響薩法維朝廷內外的關鍵決策。

學者們通常會強調薩法維王朝統治權力的三大基石，分別是齊茲爾巴什聯盟的力量、波斯人的政治本事，以及強而有力地融合什葉伊斯蘭的意識形態。然而，如果沒有認知到第四塊基石，也就是宮廷中的菁英婦女，那麼我們對薩法維王朝早期成就的任何描述都會是片面和不準確的。

若將薩法維王朝的女性描繪成僅僅是政治交換的信物或戰利品，並不符合歷史現實。帕里就是個典型的例子。她並不是因為婚姻而坐上政治權力的高位。事實上，她與薩法維宮廷的多數其他女性不同，當然也與她那個時代的多數女性不同，她從未踏入她的新郎家中。當然，國王女兒的身分也許助她一臂之力，但塔赫馬斯普國王也有其他的女兒，但沒有任何一個能夠與她相提並論。

在帕里二十歲出頭時，塔赫馬斯普國王就開始在各式各樣的事務上都徵求她的意見，從瑣碎的小事到最重大的問題都會諮詢她。她了解朝廷的祕密，並能運用朝廷的政治資源，因此在政治、商業和財政方面都能提出自信的意見。她必須與海達爾（Prince Heydar，一五五六至一五七六年）競爭，這是她同父異母的弟弟，他也享有他們父親的愛和信任。為了增進兒子對政治的認識，塔赫馬斯普國王甚至偶爾會委託海達爾主持定期的朝廷會議。

當國王在一五七四年秋天生了場重病、幾乎要死去時，兩人之間的競爭隨之升級。動盪一觸即發。是誰會接替塔赫馬斯普國王？齊茲爾巴什戰士、波斯行政文官和什葉派宗教學者會採取什麼立場？帕里把照顧父親的身體列為首要任務。塔赫馬斯普國王後來恢復了健康，並在病床上繼續統治了一年半之久。他最終於一五七六年五月十四日晚上去世。他的死留下許多亟待解決的問題。

衝突隨即爆發。身為女性，帕里沒有機會繼承薩法維王位。該王朝不曾有過這樣的先例。她的同父異母兄弟海達爾有兩個哥哥排在他前面。第一位是穆罕默德（Prince Mohammad），此人沒有什麼值得稱道的地方。糟糕的視力和比視力更糟糕的道德聲譽使他喪失資格。第二個兒子也叫伊斯瑪儀，以王朝的創立者為名，但他令父親塔赫馬斯普國王痛心欲絕，以至於他自一五五七年就已經將伊斯瑪儀流放邊疆。與此同時，齊茲爾巴什的領導階層中也出現分裂，波斯文官保持中立，宗教學者則表面上漠不關心，但在幕後密謀操作。這複雜的局面給予兩人足夠的空間，海達爾能夠策劃上位，帕里能夠保持堅定的立場。

身為父親臨終時唯一在他身邊的成年兒子，海達爾展開行動。他靠著母親和親戚的支持，並利用齊茲爾巴什聯盟的幾個派系，自封為海達爾國王（Heydar Shah）。他的母親提供了一份似乎是先王的手筆的遺囑或法令，指定海達爾為繼承人。其他人對此表示懷疑。有位編年史家如此說道：「他以年輕人的傲慢和與生俱來的野心，認定了自己是王位繼承人。」[1]

甚至在塔赫馬斯普國王去世之前，海達爾就已經密謀要除掉他同父異母的兄弟伊斯瑪儀。帕里事先聽到風聲，並出手阻撓這個計畫。她激起了垂死國王的父愛，向父王提醒伊斯瑪儀的勇敢，並回憶起這位嚴厲的國王在他兒子的婚禮上跳舞，讓賓客感到驚訝的那個夜晚。她的話深深觸動了國王，於是他派出一隊齊茲爾巴什步兵，命令他們守衛他兒子被監視軟禁的堡壘。

由於感受到帕里的潛在威脅，海達爾限制了她的行動，並讓她只能接觸到有限的人脈和資源。她因為擔心接下來的遭遇，開始向她的哥哥和他的母親求情，向他們兩人發誓，她將全心全意地致力於尊重和服從他這位國王。其中，她還保證會替他們贏得她的切爾克西亞親戚的效忠，特別是她勢力強大的叔叔——可畏的沙姆哈爾汗（Shamkhal Khan）。

與此同時，有部分齊茲爾巴什的領導階層拒絕認可海達爾的主張。與支持海達爾繼位的伊斯塔吉魯氏族不同，其他強大的齊茲爾巴什戰士派系宣告支持伊斯瑪儀。伊斯瑪儀是他們的同袍戰士，不像海達爾只會花時間與後宮女子密謀行事。從戰略角度來看，伊斯瑪儀繼位更能穩定朝廷。齊茲爾巴什的戰士釋放了伊斯瑪儀，並向他宣誓效忠，希望能讓他登上王位。他們的計畫能否成功，取決於身在加茲溫王宮內的帕里是否支持這一計畫。她也接受了這個挑戰。

首先，她質疑海達爾和他母親帶來的那份文件的真實性。帕里認為，塔赫馬斯普國王的筆跡是在後宮中偽造的，暗指是海達爾的母親所為。海達爾三十多歲的喬治亞裔母親和帕里四十多歲的切爾克西亞裔母親都是以公主身分嫁到宮中，長期都維持著競爭關係。可能是出於對自己母親的同情，帕里偏愛她的另一個同父異母的兄弟。她那可敬的叔叔沙姆哈爾汗同意支持他們。

沙姆哈爾汗從帕里那裡拿到宮殿大門的鑰匙後，與伊斯瑪儀的齊茲爾巴什盟友衝進宮殿建築群，抓住了海達爾。在幾小時內，士兵們就將他的身體五馬分屍，並把那些殘肢從護欄上扔了下來，讓那些前來營救王子的人馬驚愕不已。薩法維王朝的編年史家為了更進一步汙辱死者，表示這位二十二歲的王子異裝隱藏自己的身分，躲在宮中的女性居所中，而不是像個男人一樣行事。

他們也把這些暴行歸咎於帕里。甚至有位現代歷史學家不加批判地堅持，帕里「為了贏得勝利而訴諸詭計」，先是接受，接著又違背她對海達爾的承諾來欺騙他。然而，把她同父異母的兄弟的死法怪罪於她似乎有些言過其實。

無論帕里是否願意，她的人生已經開啟新的篇章。隨著宮殿建築群遭受攻擊，她將金庫牢牢封住，盡她所能保全財物不受掠奪。她拯救了後宮的女人，其中也包括海達爾的母親，以及這位被謀殺的王子宮廷中盟友的妻子、姐妹和女兒。在她的命令下，所有王子和齊茲爾巴什的高級長官於一五七六年五月二十三日星期五，都在加茲溫的聚禮清真寺齊聚一堂。此時距離塔赫馬斯普國王去世不到十天，她在伊斯瑪儀二世本人缺席的狀況下向他宣示效忠，認可他成為新國王。

在等待新國王到來時，帕里監督了宮廷和政府的事務。城裡發生了小規模的騷亂，但她仍堅定統治。在這段過渡期間，王公貴族都聽從她的命令。每天的晨禮結束後，齊茲爾巴什的領袖都要前去她的住所覲見，向她匯報「迫在眉睫的行政和財政問題。沒人膽敢違反她的命令。」[2]這種安排持續了幾個星期，甚至在伊斯瑪儀抵達加茲溫後依然如此。

齊茲爾巴什首領、高級官員和其他權貴繼續每天與帕里會面，首先向她報告，接著再向新國王匯報。有位薩法維編年史家在這些事件發生後一個世代寫道，帕里的管家、隨從和侍女「開始比在塔赫馬斯普國王統治時期擺出更大的排場，她的門衛、內侍和其他家臣為她制定了更適合國王宮廷的儀式。」他語氣中夾帶的些許偏見令人難以忽視。

然而，沒過多久，帕里就失寵了。首先，新國王禁止齊茲爾巴什的領導人和高級官員踏入她的宮殿。他經常對他們重複這句話：「我的朋友，你們難道不明白，女人干預國家事務是在貶低國王的榮譽嗎？」[3]不管是否知情，伊斯瑪儀二世都是在鸚鵡學舌般地重複他從宗教學者那裡聽到的內容。阿布—巴克爾在駱駝之戰後將批評阿伊夏的言論歸於先知之口，而這句話也出現在什葉派的文獻中。如果他親自接見她，他必定會毫不含糊地表明，坐在王位上的是他，而不是她。他如今行使著有帕里的推波助瀾才遞交到他手上的權力。

長年的監禁使伊斯瑪儀徹頭徹尾變得強硬冷酷。他急躁、衝動、憤世嫉俗又缺乏安全感。他極度提防他身邊的人，在他統治期間，每天都充滿復仇和血腥。他打破了他到任時對他的兄弟做出的承諾，他曾說過會愛護他們，「比過去的其他國王都更善待他的兄弟」。[4]他不分青紅皂白，開始屠戮薩法維王族的王子們，殺死自己的兄弟、表親和姪甥。僅在一天之內，就有其中的六個人遭到殺害。還有一次，他屠殺了幾百名蘇非行者。他排擠齊茲爾巴什的首領，疏遠什葉派的宗教學者，並違背他父親和祖父制定的政策。伊斯瑪儀長達十八個月的恐怖統治因他在一五七七年十一月二十五日暴斃而終結，他的死因可能是吸食過量鴉片，並且還同時飲酒。[5]

儘管沒有任何證據，後來的薩法維編年史家仍把握時機影射帕里也介入剷除他。譬如說：

醫生在國王身上發現了毒藥的痕跡。關於他謀殺事件的經過出現各方揣測。有種說法是，國王再次傲慢回絕帕里，於是她與後宮的幾位女僕合謀，在他的藥物中下毒。[6]

伊斯瑪儀二世沒有動手殺害他的姐妹，帕里也在他的恐怖統治中倖存下來。為了防止國王死後發生動亂，帕里關閉宮殿群的大門，並執掌朝廷事務。她得到了後宮婦女和宮廷行政菁英官員的支持。齊茲爾巴什的首領對此持保留意見，而宗教學者則反對讓女人登上王位。可是他們的選項有限。他們可以選擇伊斯瑪儀二世八個月大的兒子，或是選擇塔赫馬斯普的長子穆罕默德。儘管消滅了所有潛在的王位競爭者，那位死去的統治者還是放過了他的親哥哥，也許是憐憫他的健康狀況不佳、視力低下，並注意到這個羸弱之徒因鴉片上癮、酗酒且放蕩荒淫而名聲敗壞。實際上，帕里在不到兩年的時間裡，第二次以攝政者的身分掌控朝廷。她恢復和平與穩定的最緊急舉措之一，是釋放所有被她的兄弟囚禁的權貴。

穆罕默德和他野心勃勃的妻子拒絕讓帕里繼續掌權。在前往加茲溫的路上，他們發起了一場針對她的抹黑行動，散布謠言說她和她叛變的切爾克西亞叔叔密謀推翻薩法維家族的統治，並暗中攻擊什葉伊斯蘭。儘管如此，當這位國王候選人的隨行人員於一五七八年二月十二日抵達首都城外時，帕里仍前來以盛大的排場和儀式迎接他們。她坐在一頂圓頂由黃金編織而成的轎子裡，帶領數百名女子、男子和太監同行。看到帕里的影響力和權威，穆罕默德的妻子親吻了她小姑的手，但內心不情不願。

在穆罕默德登上了薩法維王位的第一天，他就派遣衛兵從帕里手中奪取國庫的控制權，並下令處死她和其他任何爭奪王位的人，包括伊斯瑪儀二世的孩子。他的人馬在路上攔住帕里，當時她正要從新國王的登基慶典返回她的宮殿，乘坐的是幾天前她歡迎國王和他妻子的那頂金織圓頂轎。當他們勒死她並扭斷了她的脖子時，她還不到二十九歲。

帕里短暫而無畏的一生凸顯出王室女性在十六世紀什葉派伊朗發揮的決定性作用。在薩法維王朝的權力基礎幾乎崩潰的時候，她巧妙而有效地干預挽救了頹勢。薩法維王朝的文獻承認她是薩法維王朝最有權勢的女性。雖然當時的編年史家和頌詞作家讚揚了她敏銳的洞察力和實際的才能，但後來的歷史學家卻嚴厲地批判她，將她詆毀為一個邪惡、自私又不懷好意的女人，策劃謀殺她的兩個兄弟。歪曲和篡改她的生平無疑有利於當時的當權者，但這些偏見在現代學術界也得到贊同的迴響。由於過度相信編年史，一位二十世紀的東方學家還曾不加批判地引述，「由後宮、母后和太監所代表的『影子政府』不負責任的特性」是導致薩法維政權衰落的「較為明顯的因素」之一。[7]「當代的百科全書也重複敘述著十六和十七世紀編年史家典型的厭女指控，尤其是怪罪帕里得逞的詭計。一位薩法維歷史的公認權威學者在研究的重要參考書《伊斯蘭百科全書》

（*Encyclopedia of Islam*）第二版中堅稱：「在伊斯瑪儀的妹妹帕里汗・哈努姆的默許下，謀反者在含有鴉片的舐劑中下毒，被伊斯瑪儀和他的一名友人服用下肚。」[8]

比起譴責帕里或為她辯護，來在歷史中選邊站，更好的做法應該是根據她所處的動蕩情勢來審視和評價她的行為，並考量當時齊茲爾巴什、宗教學者、行政長官和其他敵對派系之間不斷變化的權力平衡，來衡量她所做的決定。無論對錯，她都是歷史性決策與行動的一股動力。

第十一章

蒙兀兒帝國的武則天——努爾賈汗

一五七七至一六四五年

在她最光輝燦爛的一六〇八至一六二七年，努爾賈汗統治著蒙兀兒帝國，這是人類歷史上最輝煌的帝國之一。在其鼎盛時期，廣袤疆土涵蓋了現今的印度、巴基斯坦、阿富汗和孟加拉的大部分地區。「努爾賈汗」的字面意思是「世界之光」，是她的帝王頭銜，而這個稱號的鋒芒蓋過了她出生時的名字莫荷茹妮莎。

一五七七年十月末，有一顆彗星出現在夜空中。這一天文現象被稱為大彗星（Great Comet），它在世界各地都激起了人們或悲或喜的強烈情緒。在印度，它血紅色的光芒和燃燒般的軌跡，使人們認為即將發生動亂而心生恐懼。人們相信它預示著戰爭、火災、瘟疫和朝代更迭等災難。努爾賈汗（Nur Jahan）是在幾個月前，也就是這一年的二月出生的。幾個世代後，蒙兀兒宮廷的編年史家撰寫歷史時，認為這顆彗星預示著她格外風風雨雨的一生。

莫荷茹妮莎是個極其堅韌的人。在嬰兒時期，她的父母將她遺棄在今日阿富汗境內的坎達哈城（Kandahar）外路旁。但是她卻活了下來。數十年後，執政的皇帝賈汗吉爾（Jahangir）處決了她心愛的哥哥。同年，也就是一六〇七年，皇帝還將她的丈夫砍死碎屍。在經歷了幸運的第二次婚姻和近二十年的好運後，時運再次對她不利。賈汗吉爾的繼任者因為擔心努爾賈汗的女婿可能會威脅權位，便派人謀殺他。儘管困難重重，努爾賈汗還是帶著尊嚴的決心走過了一生。

在她最光輝燦爛的一六〇八至一六二七年，努爾賈汗統治著蒙兀兒帝國，這是人類歷史上最輝煌的帝國之一。在其鼎盛時期，廣袤疆土涵蓋了現今的印度、巴基斯坦、阿富汗和孟加拉的大部分地區。「努爾賈汗」的字面意思是「世界之光」，是她的帝王頭銜，而這個稱號的鋒芒蓋過了她出生時的名字莫荷茹妮莎（Mehrun Nissa）。

印度的蒙兀兒王朝（一五二六至一八五七年）歷史可以追溯到蒙古軍閥帖木兒（Timur，約一三三六至一四〇五年，英文多拼作Tamerlane）。帖木兒的曾孫（約一四八三至一五三〇年）在一個多世紀後繼承了他征服世界的野心，他採用外號巴布爾（Babur），意思是「老虎」。靠著結合軍事力量和外交技巧，巴布爾進軍印度，很快便取得勝利。他與那些承認他宗主權的當地印度教和穆斯林統治者簽訂了協議，並剷除那些不願臣服之人。在幾十年光景內，巴布爾最能幹的後代阿克巴皇帝（Emperor Akbar）已經將其帝國的面積擴大了三倍，將蒙兀兒王朝的權力拓展到整個印度次大陸。阿克巴從一五五六至一六〇五年長期統治，在印度漫長而豐富的歷史中，他在位的時代特別突出，國勢成長、繁榮昌盛且文化強盛。

努爾賈汗是個移民的幼女，以外來者的身分進入蒙兀兒的國土。一五七八年，當她的父母把她帶到印度時，她才只有幾個月大。當時沒有人能夠預見，幾十年後她將與在位皇帝的兒子一起執政，並且擁有「世界之光」的統治者頭銜。這位未來女帝的父親是從薩法維王朝統治的城市赫拉特逃出來的，一五七六年塔赫馬斯普國王死後，赫拉特便陷入動盪。努爾賈汗父親那方的氏族所屬的陣營，在薩法維王位的血腥繼承戰爭中，支持了敗陣的候選人。印度似乎是個理所當然的去處，部分原因是蒙兀兒王朝和薩法維王朝的宮廷使用同一種語言，他們都說波斯語。在努爾賈汗的父親之前，即使沒有數千名，也有數百名說波斯語的行政人員、祕書、會計、抄寫員、詩人等人士，都已經在蒙兀兒及其地區盟友富麗堂皇的宮廷內外，找到可以投靠的資助者。

然而，眾所周知的是，前往印度中心地帶的旅程十分艱辛。在絕望的時刻，襁褓中的努爾賈汗被遺棄在路邊，但在幾個小時內，她就獲得救援並與她的父母團聚。最後，他們一家來到了皇帝阿克巴的宮廷，坐落在印度北部法特普爾錫克里（Fatehpur Sikri）的紅色堡壘中。在他們到達後的幾個月內，她的父親靠著家族人脈獲准覲見皇帝，並在宮中謀得一職。她的父親在宮廷禮儀和行政知識方面都受到過良好的教育，因此他的朝廷地位迅速晉升。

阿克巴很樂意任命有能力的人擔任高級職位，他幾乎不會考慮賢達的種族、家鄉或宗教背景。努爾賈汗的父母都是什葉派穆斯林，與信奉遜尼伊斯蘭的阿克巴不同。根據一位當代編年史家所述，「在（這個）無與倫比的帝國的廣闊疆域內，各種宗教的追隨者都能夠擁有一席之地。它與世界上其他國家不同，譬如伊朗，那裡只容得下什葉派，也和魯姆（Rum）、圖蘭（Turan）和印度斯坦（Hindustan）不同，那裡只容得下遜尼派。」[1]

努爾賈汗在她父親的哈維里（haveli）中長大（那是種蔓延擴建的家族大宅），她有兩個哥哥、一個姐姐和兩個弟妹。她在家裡上了基礎的修辭學、邏輯學和算術課程。她背誦了《古蘭經》的一些章節、一些聖訓以及幾十行的詩句，其中大部分是波斯文詩歌。在十四歲時，她已經對美食、文筆精巧的詩歌和嚴謹的書法產生興趣。她還學會了如何騎馬、射擊和打獵。她在一五九四年滿十七歲時，她的父母將她許配給一位合適的丈夫。他是一名戰士，曾經赤手空拳與老虎搏鬥並殺死了老虎。因此，他們叫他謝爾阿富干（Sher-Afgan），意思是「屠獅者」。他和他的新妻子屬於同一個大部族，並且是什葉派穆斯林。與他新娘的父親和兄長一樣，他也是蒙兀兒帝國的官員，而就像其他的家庭成員，在家中大概也是說波斯語。

作為蒙兀兒官員的妻子，努爾賈汗陪同她的丈夫來到孟加拉省，搬到離她父母一千兩百公里遠的地方。聖祠、寺廟和隱修所點綴著美麗的風景，蘇非主義的苦修者、流浪的苦行僧和其他聖徒都會經過這裡。她的丈夫不得不長期離家，監督地方稅收和打擊土匪。在一六〇〇或一六〇一年，他們唯一的孩子出生，是個女孩。他們替她取名叫拉德麗（Ladli），這是個暱稱，是孟加拉語中「心愛的」的意思。身為妻子和母親，努爾賈汗一直相當勤奮積極。她對細節有敏銳的洞察力，也會精明地分析事務。在阿克巴於一六〇五年去世後，這對夫婦也在不久後就遷離孟加拉。

阿克巴三十六歲的兒子在一六〇五年繼承了他的蒙兀兒皇位，在大部分的事務上都延用他父親的政策。新皇帝獲得了「賈汗吉爾」的頭銜，意思是「世界的征服者」。努爾賈汗的家族在新統治者的庇護下繼續興旺。

她的父親和兄弟在朝廷中都有影響力。賈汗吉爾熟識這個家族，並將努爾賈汗的一個姪女許配給了他的長子。有人說努爾賈汗本人曾與他有過一段關係，但這很可能是當時的謠言或後代的編年史家捏造的。然而，努爾賈汗政治影響力強大的家族與這位新皇帝之間的關係仍然相當脆弱。在賈汗吉爾登上蒙兀兒皇位的幾年後，一個針對他的陰謀被揭露了，於是在一六〇七年夏天或秋天，他以涉嫌共謀為由處決了努爾賈汗的哥哥穆罕默德。她父親的職位也遭到降級，被迫支付罰金，並在監獄裡待了一段時日。努爾賈汗的丈夫也同樣遭到指控，並在幾個月內被殺。

將戰敗敵人的財產沒收並納入皇帝的國庫，並將他們的妻子、女兒、姐妹，有時還有母親納入後宮，是宮廷政治的慣例。因此，努爾賈汗自己和拉德麗如今都進入帝國的後宮。這既是對她家族表態和解，也是個警告：他們的女兒和孫女的福祉現在取決於她們是否持續效忠賈汗吉爾。

皇室女性大部分時間都被隔絕在後宮內。雖然她們經常互相算計，爭奪來自她們共同丈夫的關注，但也會形成同伴情誼的關係。努爾賈汗幾乎是馬上引起後宮中權勢前輩的注意。她當時三十四歲，喪偶，婚後有一個女兒。後宮的女性對她的智慧和能力印象深刻，她們庇護照料她，遵循賈汗吉爾母親的做法。後宮的年長女性經常提供建議給統治者和他的朝臣。有次時機適當時，她們便在賈汗吉爾面前為努爾賈汗擔保，於是皇帝娶她為妻。諷刺的是，努爾賈汗生命中的轉捩點源於一連串意想不到的事件，讓她直接來到了殺死她哥哥和丈夫的凶手面前。根據後來的一位編年史家所述：

> 不幸的日子已近尾聲，她的幸運之星開始閃耀，宛如從沉睡中甦醒……在某次新年的

慶典上，她吸引到了國王的愛和情感。她很快就成為國王最喜愛的妻子。2

他們的婚禮在一六一一年五月十一日舉行。據統計，在此之前，皇帝已經娶了十九個妻子，因為他建立聯盟的方式是仰賴政治聯姻。他的婚姻關係反映出他培養的政治人脈。賈汗吉爾後宮中的大多數女人，包括他的妻子和其他人，都是政治談判的一部分。這點他是效仿了他的帝王先祖的先例，尤其是巴布爾和阿克巴。他的妻妾來自穆斯林權貴、拉傑普特（Rajput）首領、喀什米爾的蘇非行者、西藏王公等各種身分的家族。在賈汗吉爾之後，蒙兀兒帝國的後宮也繼續體現著帝國中各地統治菁英們的團結統一。皇帝迎娶努爾賈汗為妻自然可以為她的家族帶來好處。她的父親因此升官，帝國的俸祿也大幅增加。這也為她仍在世另一位的哥哥打開了一條通途大道。

不久，努爾賈汗就變成賈汗吉爾最寵愛的妻子，隨後也成為他的皇后和共同執政的君主。她地位的進展開創了新局。在幾年之內，她所掌握的權力超過了印度、甚至世界上的任何一位女性。在蒙兀兒王朝的歷史上，她體現和展現出來的權威是其他女性無法比擬的。在她之前，蒙兀兒王朝的女性已經有發布官方法令的先例，她們落款時是署名某某統治者的母親、女兒、姐妹或妻子。努爾賈汗則是以君主的身分和名義簽署法令，成為先驅者。傳記作者魯比・拉爾（Ruby Lal）表示：「她的落款不言自明。」儘管星期五聚禮時的佈道沒有提及她的名字，但她確實掌握了君主權力的另外兩個官方象徵：她以自己的名義發布法令和鑄造錢幣。在她與賈汗吉爾成婚後的幾年內，鑄有她名字的金幣和銀幣開始流通。有些錢幣的正面是賈汗吉爾的名字，背面是她的名字；而有些硬幣上只有她的名字。在巴基斯坦勒克瑙（Lucknow）的一座博物館裡，收藏有一枚直徑近一英寸的半盎司金幣，上面寫著：

奉賈汗吉爾國王之命，
黃金獲得萬千榮耀，
上刻女王努爾賈汗之名。[3]

宮廷成員和街上的黎民百姓都注意到了努爾賈汗登基的象徵和明顯的影響。她掌握著直接且顯而易見的權力。實際上，她是與她的丈夫共同執政的。有些人將努爾賈汗視為這個帝國擁有真正權力的領袖，譬如在一六二〇年代擔任英國駐印度特使的湯瑪斯・羅伊（Thomas Roe，一五八一至一六四四年）。羅伊在寫到賈汗吉爾和努爾賈汗之間的關係時，曾輕蔑地表示：「（她）控制著他，隨心所欲地支配他。」[4]

努爾賈汗是如何積累了這麼大的權力和影響力的呢？首先，她靠的是智慧和魅力。更重要的是，她堅定不移地效忠賈汗吉爾，並全心關愛保護他。最後但同樣重要的原因則是，她的家族長期擔任蒙兀兒皇室的高階官職。

有兩件軼事可以說明她的魅力。一六一七年的某個春日，努爾賈汗騎著大象，帶著一支完整的狩獵隊伍出發打獵，她發現條紋毛皮的蹤影，用滑膛槍開了六槍，從野外帶回四隻老虎。賈汗吉爾為此非常高興，賞賜她大量的金幣。在近十年後發生了另一件軼事，一六二六年，有名叛變的軍閥綁架賈汗吉爾索取贖金，於是努爾賈汗親自率領了帝國軍隊去營救他。

努爾賈汗生命中的諸多變故使她具備一種能力，能夠同時保持善良和堅定。這兩種特質的罕見結合讓她能夠確保賈汗吉爾穩坐皇位，如果沒有她在身邊，他在位的時間必然遠遠更短。

儘管賈汗吉爾擁有「世界征服者」的頭銜，但這位蒙兀兒王朝的第四位皇帝更重視享樂，而不是追求權力。努爾賈汗的傳記作者魯比．拉爾將賈汗吉爾描述為「一個有審美品味的人」。賈汗吉爾寫的一本日記記錄了他遇見的每件人事物如何激起他的好奇心，諸如與一名苦行僧的談話、紅寶石和藍寶石、無籽葡萄等。他曾帶著一對馴養的伴侶鸚鵡一起旅行，他以民間文學中一對著名戀人的名字，替牠們取名為蕾拉（Layla）和馬吉農（Majnun）。他每天都會出去觀察這對鳥兒，並做詳細的紀錄。他對植物、詩歌、繪畫和哲學問題都很感興趣。

對於藝術，賈汗吉爾擁有鑑賞家的眼光。努爾賈汗則是他的好搭檔，他們會在宮廷裡接待建築師、音樂家、詩人和畫家為座上賓。在其他形式的藝術工作中，他們鼓勵畫師複製和改良耶穌會傳教士帶來的歐洲繪畫作品。

如果不是因為皇帝酒精成癮，他對美的偏愛和享樂就不會對皇室造成這麼大的影響。但他卻沉迷酒精。他在十八歲時就愛上喝葡萄酒。不久，葡萄酒便無法再撫慰他，於是他轉而喝更烈的烈酒。他一天要喝二十杯再蒸餾的烈酒，其中十四杯白天喝，其餘的在晚上喝。喝酒的習慣在家族中流傳，賈汗吉爾的兩個兄弟因而死於酗酒。儘管伊斯蘭教法禁止喝酒，但從宮廷到街頭，蒙兀兒人使用和濫用麻醉品的現象比比皆是。賈汗吉爾的手抖得厲害，以至於他無法把手中的杯子準確地放在嘴上。後來，為了使他不再借助酒精獲得快感，他在日常飲食中加入鴉片和其他鎮靜劑。

努爾賈汗果斷地出手干預。她發現丈夫在感情上很脆弱，而且依賴麻醉劑，讓她十分傷心。她決心讓他不再遭受四肢顫抖、慢性呼吸道疾病和其他由癮頭引起或加重的疾病折磨。正如賈汗吉爾在他的個人日記中所記錄的那樣，皇后「逐漸減少我的酒量，並讓我遠離不適合我的東西。」[5]要讓一個掌權者遠離「不適合他的事情」是一項在虎口拔牙的工作，很少有人有勇氣去做。當時可能爆發了幾次爭吵，但雙方都知道成癮的風險很高。她的有效干預幫助賈汗吉爾延長掌權，至少比原來多延續了十年之久。

因為這點和其他許多原因，賈汗吉爾深愛著努爾賈汗。她擁有他的信賴、信任和愛。他十分依賴她。從皇帝的日記可以看出，他沒有興趣描寫他其他的妻子，唯有努爾賈汗除外。這位自我陶醉的自大皇帝稱頌他最寵愛的妻子是「最喜愛他的人」。當他們晴天在花園裡散步時，他會走在她前方，使他的身體的影子落在皇后的腳下。他用這個小動作表現對皇后的謙卑，但是又不會在身邊的朝臣面前失掉排場和面子。他以自己獨特的帝王方式，拜倒在她的石榴裙下。蒙兀兒王朝的史料通常沉默寡言，但這些軼事讓人感受到有血有肉的真實皇室生活。

賈汗吉爾在一六二七年去世時，努爾賈汗頓時失寵。賈汗吉爾的第三個兒子和繼承人沙賈汗（Shah Jahan），是他跟一名拉傑普特女子生下的孩子，沙賈汗把努爾賈汗視為眼中釘、肉中刺。沙賈汗擔心令人畏懼的努爾賈汗會動員宮廷來反對他，支持另一位敵對的蒙兀兒皇子。登基後的數週內，這位三十五歲的傲慢皇帝就殺害了他同父異母的兄弟。他殺死的那個少年在生前已經娶拉德麗為妻，因此也是努爾賈汗的女婿。沙賈汗自己也娶了努爾賈汗的姪女米赫魯尼薩（Mihrunissa）。然而，他對妻子的愛並沒有減少他對她姑姑的敵意。沙賈汗顯然害怕他父親這位一度叱吒風雲的皇后，於是粉碎努爾賈汗任何尋求和解的希望。沙賈汗把她和她如今喪偶的女兒一同流放邊疆。

沙賈汗心愛的年輕妻子米赫魯尼薩於一六三一年去世時，他為她打造了一份與她匹配的禮物，那座陵墓被稱為泰姬瑪哈陵。這座宏偉的建築至今仍是世界奇景之一。諷刺的是，泰姬瑪哈陵反映了努爾賈汗的願望。十年前，努爾賈汗曾為紀念她的父母，設計了一座紀念花園。在這座壯觀的花園中，矗立著一座完全由白色大理石建成的長方形建築，上面鑲嵌著各種半寶石、彩色馬賽克瓷磚和鏤空石造格窗。這就是亞穆納河（Yamuna River）畔的人間天堂，她將父母的遺體安葬在裝飾性拱頂下的赭色墓室中。幾年後，泰姬瑪哈陵就在它的對面，也就是在河的對岸落成。宏觀來看，泰姬瑪哈陵沿用了同樣的建築樣式，甚至到繪畫和鑲嵌物中的紅色百合和玫瑰花瓣細節都予以仿造。努爾賈汗的精神縈繞在她的迫害者最偉大的遺產中。

第十二章

蘇丹之母——薩菲耶

生卒年約一五五〇至一六一九年

蘇萊曼大帝於一五六六年去世後，超過一百多年，鄂圖曼王朝都未能誕生一位傑出的蘇丹。其間，多位蘇丹之母鞏固了王朝和帝國，才不致瓦解。……鄂圖曼帝國的歷史學家們注意到，在每個無能、有精神缺陷或者了無生氣的蘇丹背後，都有個理智且手腕高超的女人，因此他們把這個時期稱為「女性主掌的蘇丹國」。

蘇丹穆拉德三世（Sultan Murat III，一五七四至一五九五年在位）於一五九五年去世時，薩菲耶（Safiye）安排她二十九歲的兒子穆罕默德（Mehmet）繼承他父親的鄂圖曼帝國皇位。這使她成為了瓦麗德蘇丹（Valide Sultan），也就是「蘇丹之母」。沒錯，此處亦然，女性的身分和地位是根據她與男性的關係來定義的，如「某某人的女兒」、「某某人的妻子」或「某某人的姐妹」。然而，在整個鄂圖曼帝國中，瓦麗德蘇丹的地位權勢數一數二。外國使節們很快就了解到，要想在那裡完成任何事情，他們首先需要尊重蘇丹的母親。

從十四到二十世紀初，共有四十一位鄂圖曼帝國的蘇丹以穆斯林君主的身分統治。十六、十七世紀之交，鄂圖曼帝國的疆土從東到西、從北到南綿延數千英里：從巴爾幹半島的波士尼亞和阿爾巴尼亞，跨越希臘和土耳其，一直到東非的衣索比亞海岸，再到阿拉伯半島南部的葉門；從摩洛哥到埃及，從敘利亞到伊拉克和伊朗的部分地區。假如鄂圖曼帝國圍攻維也納時，成功擊敗了哈布斯堡王朝（Habsburgs），有些歷史學家推測，人類歷史的進程可能會發生根本性的變化。鄂圖曼帝國的影響力甚至擴及東南亞，成為亞齊達魯薩蘭國（Aceh Darussalam，亞齊蘇丹國）統治者的盟友。半個多世紀以來，伊斯蘭教的歷史與鄂圖曼人所統治的土地、海洋和人民的歷史相互重疊。

所有這四十一位鄂圖曼帝國的統治者都擁有相同的頭銜——蘇丹，但有些比其他人更加能幹出色。其中，一四五三年征服君士坦丁堡的蘇丹「征服者」穆罕默德（Mehmet the Conqueror，一四四四至一四四六、一四五一至一四八一年在位），以及統治時間最長的「立法者」蘇萊曼大帝（一五二〇至一五六六年在位），這兩人的名號最為響亮。

蘇萊曼大帝於一五六六年去世後，超過一百多年，鄂圖曼王朝都未能誕生一位傑出的蘇丹。其間，多位蘇丹之母鞏固了王朝和帝國，才不致瓦解。比方說，薩菲耶的光芒就蓋過了她的兒子、兩個孫子和一個曾孫，他們在她在世時接替繼承皇位。鄂圖曼帝國的歷史學家們注意到，在每個無能、有精神缺陷或者了無生氣的蘇丹背後，都有個理智且手腕高超的女人，因此他們把這個時期稱為「女性主掌的蘇丹國」。

薩菲耶來自阿爾巴尼亞北部山區、靠近科索沃的杜卡金高原（Dukagjin highlands）。有些歷史學家誤以為她來自威尼斯的一個貴族家庭，但事實上她可能是在一五五〇年左右出生在一個基督教家庭，而且出生時的名字並非薩菲耶。她後來被當作女奴或小妾送給年輕的鄂圖曼太子穆拉德，也就是未來的蘇丹穆拉德三世，而他給她取名為薩菲耶，意思是「純潔之選」。

在鄂圖曼帝國的歷史上，奴隸制根深柢固，奴隸的職能五花八門，從軍事服務、採礦，到瑣碎的家務勞動皆有。軍閥和奴隸主會在帝國的邊境地區抓走男孩、女孩、男人和女人，通常是在黑海、高加索山脈或撒哈拉以南的非洲一帶，並在城市的奴隸市場出售。這種做法大致符合徵募制（devsirme）的定義，也就是一種徵收貢品的制度。從十五到十七世紀中葉，巴爾幹基督徒被徵召加入蘇丹的私人奴隸兵——新軍（Janissaries）菁英部隊。雖然鄂圖曼帝國的奴隸制在許多方面與後來的跨大西洋奴隸貿易不同，但把人當作物品的概念在任何地方都同樣令人反感。多數的奴隸都是女人和女孩，她們經常會成為小妾（jariyas）。其中有極少數人可以像薩菲耶那樣進入皇家的後宮。

一五六六年，薩菲耶生下一個兒子，是鄂圖曼帝國皇位的未來繼承人。穆拉德太子喜歡她到讓他的母親擔憂，她誤以為她年輕的兒子對其他女人興致缺缺是因為缺少陽剛之氣。在一五七三年繼承皇位後，穆拉德花在薩菲耶身上的心思並沒有減少。穆拉德在位不到一年，就宣布薩菲耶為他的專屬妃子（Haseki）。穆拉德的母親是來自威尼斯的蘇丹之母努爾巴努（Nurbanu，約一五二五至一五八三年），她不斷指責薩菲耶阻止穆拉德把握機會生育更多的孩子，妨礙了王朝的利益。[1]努爾巴努還進一步指控薩菲耶的家務人員隱瞞證據，用鐵鏈拴住他們，施以酷刑並流放邊疆。[2]最終，穆拉德娶了其他小妾，生下至少二十三個兒子和二十八個女兒，才終結謠言。

穆拉德讓薩菲耶常伴身邊，同住在新皇宮（New Royal Palace）中，也就是今天伊斯坦堡的托普卡匹皇宮（Topkapi Palace）。在那座宮殿裡，天才皇家建築師錫南（Sinan，約一四九〇至一五八八年）在一五七九年設計並建造了一間美麗的噴泉廳，蘇丹會在那裡與他最喜愛的妃子談天數小時之久。

努爾巴努在一五八三年去世後，薩菲耶的地位更加提高。她是後宮中最有權勢的女人，可以隨心所欲展現她的慷慨。在一五九三年為女兒法蒂瑪舉行的婚禮上，薩菲耶將數千枚閃亮的全新錢幣撒落在四周的地上，讓簇擁的圍觀者來撿拾，同時新娘則隱藏在紅色的帷幕後面，騎馬穿過人群前往她丈夫的家。

薩菲耶掌握的權力一直到他的丈夫去世，她的兒子當上蘇丹後才增加。她成為蘇丹之母，也就是新蘇丹的母親後，最初的干預措施之一是廢止讓犯人溺死在博斯普魯斯海峽（Bosphorus）的刑罰，這曾是懲罰通姦女子的做法。她主動要求擔任伊斯坦堡市長的太監改變政策，不再實施這種酷刑，表示她的兒子是任命他管理城市，而不是殺害女人。一位目擊者轉述：

> 太后、公主和其他貴族女子在她們的後宮散步時，意外發現河面上有幾艘船正在急速行駛。太后派人去詢問此事；有人告訴她，那是大臣在公正地判罰幾位風塵女子（qahba），也就是妓女。她怏怏不悅，派人傳話給太監巴薩（Bassa），她的兒子是讓他管理城市，而非害女人的命；她吩咐他好好監管其他事務，在他的主子回來之前不要再多管女人的事。[3]

薩菲耶擁有外交天賦。一位威尼斯特使曾形容她是「一個言而有信的女人，我可以說，在君士坦丁堡，我只有從她口中聽到實話。」[4]薩菲耶與英國女王伊莉莎白一世的通信顯示出她的國際地位。[5]在她寫給伊莉莎白的第一封信（一五九三年十二月四日）中，薩菲耶感謝這位英國君主送給她和穆拉德三世的禮物，這些禮物「充滿驚奇……比純樟腦和龍涎香（更芬芳）。」這封二十四行字的信是寫在一張灑有金粉的紙上，開篇是「祂乃援助者」，用英文寫在信紙的右上方。她使用了五種顏色的墨水：黑色、藍色、深紅色、金色和亮紅色。她的行文開篇是提及真主的尊名和祈求真主賜予先知穆罕默德安康。然後，她介紹自己是穆拉德的繼承人的母親，並列舉了穆拉德坐擁的廣袤疆域。薩菲耶向收信人致意，稱她是英國加冕的統治者，也是耶穌的追隨者，王公貴胄都服從她，並說她走在貞潔而有美德的聖母瑪利亞的道路上。

在這兩個皇家成員的通信裡，薩菲耶承諾，她將給予伊莉莎白友誼和支持。而伊莉莎白送給她的禮物中，有十件用金布做的衣服和一幅她自己的肖像，這表明英國女王認可她的收件人地位崇高。在外交語言中，交換禮物象徵著承認彼此的權威，以及雙方的友誼和結盟。

最重要的是，薩菲耶十分珍視英國女王送給她的一輛華麗馬車。她將馬車遮蓋得十分嚴密，在出宮遊樂時使用，這讓那些希望所有女性都該大門不出、二門不邁的人感到十分詫異。在一張伊莉莎白女王最廣為流傳的肖像中，她穿著土耳其人的服裝，這件衣物可能就是薩菲耶送給她的，或者是一件類似款式的衣服。薩菲耶和伊莉莎白之間的這些交流凸顯了英國和鄂圖曼之間的外交關係。在一五九九年的一封信中，薩菲耶回應了伊莉莎白希望兩國建立友好關係的請求：

我已收到妳的信……若神意欲，我將按照妳所寫的內容採取行動。這點妳可以放心。我經常告誡我的兒子帕迪沙（Padishah）要按照條約行事。我從沒有忘記要這樣教育他。願神襄助，願妳在這方面不再受苦。願妳也能永遠堅定地保持友誼。願神保佑，願（我們的友誼）永不消亡。妳送給我的馬車已經送抵。我很高興能收到這份禮物。而我回贈了一件長袍、一條腰帶、兩條金繡的大浴巾、三條手帕，以及一頂紅寶石和珍珠頭冠。願妳體諒（禮物之無足掛齒）。[6]

回顧歷史，薩菲耶對建築的贊助和資助成為她留存最久的成就。清真寺、經學院、醫院、澡堂等公共設施的建設和維護不僅反映出財富和影響力，也體現出這種贊助背後的虔誠和仁慈。薩菲耶最著名的事蹟是她撥款建造一座新的星期五清真寺，被稱為「新寺」（Yeni Cemii）。該清真寺於一五九七年動工，過了五十餘年一直尚未完工，直到一六六五年才由後來的蘇丹之母、穆罕默德四世的母親圖爾汗·哈蒂嘉（Turhan Hatice）建成。

薩菲耶在享有蘇丹之母地位的多數時間裡，都能收到宮廷發給的大筆津貼，相當於每天三千枚銀幣（aspers）。[7]一六〇〇年的某個時候，爆發了一場針對她的叛亂，當時的帝國騎兵群起反對她，指控在薩菲耶的支持下，有對母子已經積累了超過五千萬銀幣的財富。這名女子名叫埃斯佩蘭薩．馬爾基（Esperanza Malchi），她擔任著薩菲耶的「女助手」（kari）。kari這個詞在希臘語的意思是「女人」，而在鄂圖曼帝國的伊斯坦堡，這個詞指的是非穆斯林（通常是猶太）女子，她們會充當後宮女子和外部世界的中介，既是紅粉知己，又是商業代理人和祕書。有證據顯示，薩菲耶的女助手本身就是個相當有進取心和野心的女人。在她寫給伊莉莎白女王的一封信中（可能也寫於一五九九年十一月），馬爾基解釋說：「儘管她是個猶太人，但自從她知道了伊莉莎白這位女王後，她就想為她效勞。」[8]薩菲耶無法將馬爾基和她的兒子從士兵的憤怒報復中解救出來，也可能是她故意選擇不救。[9]

蘇丹穆罕默德三世（Mehmet III）曾想要控制他的母親，但徒勞無功。他所能做到的最大程度就是要求她從新宮搬到舊宮去，但這麼做的效果也不長久。[10]她繼續與後宮裡的白人太監長串聯來頒布她的決策。[11]她在不受反對的情況下實際統治了五年，把她的盟友安置在高級職位上，並打壓她的敵人。穆罕默德的兒子馬赫穆德（Mahmud）曾抗議：「他的父親完全對他的祖母、年邁的女蘇丹唯命是從，導致國務廢弛，但她在乎的只有她自己賺取錢財的欲望。」[12]馬赫穆德常常向他的母親抱怨此事，而蘇丹之母也不喜歡這個媳婦。薩菲耶遠談不上是個慈愛的祖母，她曾打算把那個不知好歹的孫子勒死。她告訴穆罕默德三世，有個厄運的預言家說他的死期已近，蘇丹因此懷疑有人謀反，在一六〇三年處決了他的兒子，不久後他自己也離開人世。

蘇丹穆罕默德三世的另一個兒子阿赫邁德（Ahmet）一登上皇位，就確保要根除薩菲耶的影響力。從一六〇四年一月九日星期五開始，蘇丹之母就被貶至舊宮，但仍持續發津貼給她。薩菲耶似乎在這裡度過了十幾年的餘生。

薩菲耶和蘇丹穆拉德生下了四個孩子，分別是兩個兒子和兩個女兒。所有後繼的鄂圖曼帝國蘇丹，一直到二十世紀的末代蘇丹，都是她的後代。

第十三章

亞齊國女蘇丹——塔姬

一六一二至一六七五年

炎熱、潮濕、熱帶植物茂盛的亞齊占據著遼闊的蘇門答臘島的北端，這座島現在是印度尼西亞共和國的一個省分，該國是目前世界上人口最多的穆斯林國家。……在塔姬出生前的幾百年，來自印度的穆斯林商人就已經在蘇門答臘、爪哇和馬來半島建立據點。後來的地理學家將這一廣大地區稱為遠印度，後來又稱之為東印度。

女蘇丹塔姬・阿拉姆・薩菲亞丁・希亞赫（Taj ul-Alam Safiatuddin Syah），以亞齊達魯薩蘭國（亞齊蘇丹國）的女王身分，於一六四一至一六七五年間統治了三十四年。她不僅處理外國外交官和商人的要求，還得對付她的王國中難以捉摸的菁英階層，但總是能堅定立場。當爪哇和蘇門答臘的多數沿海統治者都屈服於殖民者的操縱，塔姬讓亞齊保持獨立。

炎熱、潮濕、熱帶植物茂盛的亞齊占據著遼闊的蘇門答臘島的北端，這座島現在是印度尼西亞共和國的一個省分，該國是目前世界上人口最多的穆斯林國家。印度洋環抱蘇門答臘島的西、西北和西南側。狹窄的麻六甲海峽將其與東北方的馬來半島隔開，而爪哇則位於其東南方。

在塔姬出生前的幾百年，來自印度的穆斯林商人就已經在蘇門答臘、爪哇和馬來半島建立據點。後來的地理學家將這一廣大地區稱為遠印度（Further India），後來又稱之為東印度（East Indies）。甚至在十三世紀穆斯林商人到來之前，中國和該地區的海上貿易便已相當繁榮。威尼斯冒險家馬可・波羅在一二九二年從中國回國途中經過了這個地區（但沒有途經亞齊），他描述當地的人口「大多都崇拜偶像，但許多海港城鎮的居民已經因為頻繁來訪的撒拉森（Saracen）商人，而歸信成為穆罕默德宗教的追隨者。」[1]馬可・波羅觀察到這點的五十年後，北非旅行家伊本・巴圖塔（Ibn Battuta）在前往中國途中抵達該地，並讚揚當地的統治者是個好穆斯林。

亞齊蘇丹國在十六世紀初以伊斯蘭的名義立國。他們賦予這個蘇丹國一個理想化的名稱「達魯薩蘭」（Darussalam），這個詞的意思是「平安的居所」，暗引《古蘭經》的兩段經文：「真主召人到平安的居所，並引導其所欲引導的人走上正途。」以及「他們在主那裡，將為自己的善行而享受平安的居所。」[2]這兩段經文都是指在後世天堂中所實現的神之承諾。創造天堂般的塵世居所是個人生活的志向，在政治界亦然。在穆斯林世界，平安之城的稱號最先是屬於巴格達的，最後蒙古人毀掉了這座曾經無比輝煌的城市。另一個新的「平安的居所」很快興起，它的中心位於亞齊港（Banda Aceh）。在一個世紀內，穆斯林蘇丹成為東印度最富有強勢的統治者。年復一年，上百艘船舶停靠在港口，胡椒、絲綢、芳香樹脂、黃金和奴隸的長途貿易為蘇丹國帶來前所未聞的繁榮。亞齊的蘇丹將伊斯蘭教與當地習俗融合，利用外交技巧和軍事力量統治了蘇門答臘島北部較小的王國，如達雅（Daya）、皮迪（Pidie）、帕賽（Pasai）、阿魯（Aru）等國。

一六四一年，二十九歲的塔姬繼承了亞齊蘇丹國的王位，獲得了女蘇丹的稱號。希爾·巴努·汗（Sher Banu Khan）的《穆斯林王國的女君主》（*Sovereign Women, Muslim Kingdom*）一書是部亞齊女性蘇丹的詳盡研究，作者考據出塔姬的出生年分為一六一二年。她的父親為她取了一個馬來語的名字普特麗·斯麗·阿拉姆·佩米蘇麗（Putri Sri Alam Permisuri），同時暱稱她為塔姬·阿拉姆（「世界之冠」）和薩菲亞丁（「純粹的忠誠」）。關於這位能幹的女性，我們幾乎沒有關於她登上王位之前的其他資料，尤其是沒有任何個人的細節流傳至今。有些歷史學家聲稱，塔姬成為蘇丹時，亞齊蘇丹國剛剛結束它的黃金時期。對某些人來說，一位二十九歲的寡婦登上王位這件事本身就是個危機。她父親一六〇七至一六三七年在位期間，蘇丹國的領土面積已經擴展至高峰。然而，他的繼任者，也就是塔姬已故的丈夫，卻沒有效仿他的好榜樣。反之，他鐵腕統治，取消或推翻他岳父制定的許多宗教、經濟和社會政策。他在一六三六至一六四一年統治期間的所作所為導致蘇丹國的菁英階層派系林立。他們已經受夠這位傲慢的國王的惡劣習性。因此，當他在三十一歲死於非命，他的逝世為他們帶來了嶄新的契機。

富有的商人、船主、船廠經營者和碼頭主的利害關係，與蘇丹國的穩定和繁榮息息相關，高階官僚亦然。他們以亞齊菁英人士的身分形成「富貴階級」（**orang-kaya**）。在馬來語中，**orang-utan**（紅毛猩猩）的字面意思是「森林之人」。以此類推，**orang-kaya**的意思是「高貴之人」（或指「貴族」，因為單數和複數形式相同）。今天，這個詞單純指稱「富人」，男女皆適用。

學者也與蘇丹國的命運休戚與共，他們是伊斯蘭學問的傳承者和代言人。學者和富貴階級共同提供蘇丹合法化統治的基礎。雖然富貴階級的家族淵源皆是在亞齊當地，但王國的多數學者是來自異地，主要是來自印度。富貴階級和學者分屬兩個幾乎沒有重疊的相異網絡。塔姬的丈夫在這兩個群體中都離間了一些人，而富貴階級和學者則都認為，他的繼任者應該更公平對待國內的所有派別。

在繼承方面，蘇丹國沒有硬性規定。合適的候選人必須是亞齊本地人和王室成員，並且必須展現出致力於落實以伊斯蘭教術語定義、並在馬來傳統或習俗（adat）中詮釋理解的正義原則。幾年前，一位名叫努爾賈汗的女子實質統治著蒙兀兒帝國，這一事實非常有利於讓女性登上亞齊蘇丹國的王位。蒙兀兒印度提供了一個典範。而最重要的是，人選的決定要取決於不同富貴階級和學者派別間的認可共識。原則上，女性是具有統治資格的。儘管在亞齊史無前例，但在伊斯蘭歷史上有女性統治的先例。毫無疑問，選擇塔姬的決定相當於承認她的血統。她能否像她父親一樣，為亞齊蘇丹國帶來財富並恢復其聲譽，讓學者和富貴階級都滿意呢？

十七世紀是歐洲殖民主義的一個重要分水嶺。十五和十六世紀間，葡萄牙人率先向「東方」海上擴張，爾後不情願地將火炬交給了荷蘭人和英國人更強大的艦隊。就像她在亞齊的前輩以及泰圖安的胡拉（她可能從未聽說過她）一樣，塔姬從來都不喜歡葡萄牙人。這位女蘇丹誹謗他們是宗教敵人和外國入侵者，是葡萄牙人無法和解的敵人。亞齊早期的蘇丹自然與同為穆斯林的鄂圖曼人結盟。鄂圖曼人與亞齊共享利益，因為亞齊是從麻六甲海峽經紅海到地中海的主要穆斯林貨物供應商。在塔姬出生前的半個世紀，她的一位統治亞齊的祖先曾向鄂圖曼蘇丹蘇萊曼求助，請求海軍支援以對付葡萄牙人。如今，女蘇丹也與荷蘭人和英國人結盟。

荷蘭聯合東印度公司（Veerinigde Ooost-Indische Compagnie）和英國東印度公司（English

East India Company）對本地社會事務的干預程度不斷升級。十七世紀上半葉，兩大勢力都占領了爪哇島上的當地港口。荷蘭人和英國人分別將他們的據點命名為巴達維亞（Batavia）和班達姆（Bantam）。他們不久便掌管了多數的地方事務，但卻沒能掌控亞齊。塔姬傲慢的前任蘇丹已經讓亞齊的經濟獨立出現裂痕，而荷蘭人則試圖進一步破壞之。他們有機會透過用鑽石取代其他交換手段，進而壟斷商品供應和估價。然而，女蘇丹設法阻止了他們，並靠著與富貴階級的有效合作，設法擺脫危機。

希爾．巴努．汗將之稱為「珠寶事件」，並描述塔姬如何與荷蘭東印度公司談判。在將近四年內，女蘇丹利用了各種妥協和競爭機制來避免混亂。[3]

女蘇丹登基後不久，荷蘭東印度公司就向她提交了她的丈夫（那位已故蘇丹）所積累的一大筆未付清的帳單。又有個女人得為她丈夫的揮霍無度負責了！他們威脅她如果不合理解決此一爭端，將會折損王國的榮譽，以及荷蘭人對她個人和君權的尊重。對荷蘭人來說，此時的時機正好，這麼做的邏輯依據也一清二楚：為了支付這些帳單，這位新登基、可能侷促不安的女王要不得耗盡她的國庫，否則就得向富貴階級徵收更多的稅金。這兩種情況的結果都會導致在她和國內菁英之間產生隔閡。當然，荷蘭人就能從中受益了。

前任蘇丹奢侈鋪張是公開的祕密。塔姬的丈夫熱愛鑽石。他似乎認為，炫耀性的財富反映了他的權力，因此可以凸顯他身為蘇丹的正當性。他無法滿足於桌型切工或尖琢型切工的鑽石，於是透過荷蘭東印度公司訂購特殊的設計，要求荷蘭最好的工匠為他切割鑽石。蘇丹曾經委託製作一條鑲有客製化切割法的鑽石絲質腰帶，其編織方式與蒙兀兒人在印度所穿的波斯風格相同。

蒙兀兒人透過在他們的長袍、頭飾和腰帶上使用珠寶來顯示他們的權力。聞名於世的一百九十一克拉的光之山（Koh-i-Noor）鑽石最後在十九世紀被送到英國，並被鑲上維多利亞女王的王冠，但這枚鑽石似乎早在大約三個世紀前就已經引起過巴布爾的注意。擁有珠寶和佩戴珠寶反映了政治權力。塔姬的丈夫也許是希望藉由訂購一條蒙兀兒人的波斯風格珠寶腰帶，來主張自己的統治正當性，甚至可以追溯到前伊斯蘭時代。他在他的願望清單上又增加了一些翡翠和鑽石吊墜。他還一度擁有過一座九百公斤重的黃金王座，[4]有一位荷蘭東印度公司的代表約翰．土吉曼（Johan Truijtman）曾估價這座王座價值十萬荷蘭盾。為了讓讀者對王座的預估價值更有印象，我們可以在此回顧一下，大約在同一時間，數千公里外的新阿姆斯特丹（New Amsterdam），荷蘭西印度公司的代理人曾支付給萊納佩人（Lenape people）相當於六十盾的價錢，就換取兩萬兩千英畝的曼哈頓島的所有權。[5]

希爾．巴努．汗還提供了當時荷蘭專員彼得．索利（Pieter Sourij）的一份報告的細節。一六四一年七月十二日，索利第一次覲見女蘇丹，要求蘇丹要為她丈夫購買的珠寶支付至少一萬五千兩的銀幣。一個星期後，蘇丹下令富貴階級和珠寶商齊聚在她的宮殿內庭（balai），一起評估這些珠寶的實際價值。她的太監馬哈拉賈・阿多納・利拉（Maharaja Adonma Lilla）協同一些碼頭業主和其他幾位富貴人士，仔細檢視了這些珠寶，並提出一個令東印度公司代表憤怒的價格。他們提出的價格不是對方索要的一萬五千兩，而是區區五千九百兩，接著同意再加碼兩千兩。東印度公司的聯絡員拒絕了他們的出價，並稱之為「無稽之談」。

第一次會議後，雙方仍就可接受的珠寶價格討價還價。多數的富貴階級都同意女王應該付錢，但也許是要打些折扣。少數人則完全反對購買這些珠寶。東印度公司的官員們也嘗試過他們駕輕就熟的賄賂和施壓的手法。雖然富貴階級意見分歧，但他們希仍望跟荷蘭人保持良好的關係，他們深知跟東印度公司開戰可能會帶來的損失。他們也知道，保持國庫健全對王國穩定性至關重要。幾乎所有的人都希望蘇丹繼續保持她顯赫父親的傳統，維護與荷蘭人的友誼。蘇丹的太監是她的親密知己，也是非常有影響力的富貴階級成員，他將報價提高至九千兩，但他抱怨這個價錢已經超過了實際的價值，有些荷蘭人帶來的大寶石價值「和鵝卵石差不多」。索利告訴他們，可以把價格降到一萬兩千至一萬三千兩，但富貴階級傾向最多只支付九千兩。最終，雙方以一萬兩成交。為了支付這些珠寶，蘇丹下令將荷蘭船隻必須支付的過路費減少四千兩，其餘的六千兩在兩個季風季節內分攤交付，「季風季節」一詞在馬來語稱為mousam。

為了慶祝雙方達成了交易，並替這場漫長、時而令人沮喪的談判尾聲增添一些趣味，蘇丹要求荷蘭人幫一個小忙。她希望看到荷蘭談判代表為她和她的其他宮廷女士跳舞，以示對她的「尊重」。為了表示感謝，東印度公司的官員們答應了。希爾．巴努．汗告訴我們，首席談判代表向荷蘭報告說，看著屬下跳躍和彈跳，圍觀者的笑聲充滿了整個宮廷，他們感到非常有趣。

塔姬在「珠寶事件」的處理方法所代表的意義，遠不只是以折扣價購買鑽石時的議價技巧。東印度公司推動制訂以鑽石為大宗的寶石交易標準，由他們控制著鑽石的供應和估價。鑽石切割是低地國家的專長，特別是在荷蘭，那裡已經發展出精確的工具和切割技術。蘇丹和她的富貴階級與東印度公司的代理人訂下條款，商討亞齊所需的鑽石和寶石的數量與價格，以及付款計畫。這不亞於一次獨立的外交行動。在過程中，塔姬打破了王室恐嚇富貴階級並與外來者開戰的習慣。反之，她靠著與富貴階級合作，和外國對手和敵人談判建立了可行的關係。

希爾．巴努．汗強調了亞齊的這位女蘇丹是如何推動更多合作，促進制度穩定和經濟務實，從而能夠保護私有財產、促進安全和改善其臣民的福祉。此外，「珠寶事件」說明，塔姬與她的前任蘇丹不同，她並不倚靠軍事力量、削弱富貴階級勢力、或炫耀鑽石腰帶和黃金寶座，來建立她的統治正當性。

在蘇丹塔姬的領導下，施政策略從蠻力到談判的轉變是有宗教根據的。她利用正義、和平與道德行為作為伊斯蘭統治的標記，不再強調嚴格遵守伊斯蘭信仰條文的字面意義。與她的丈夫不同的是，她不再贊助某些學者，因為他們無情抨擊那些亞齊傳統和習俗中違反伊斯蘭教義的部分，而跟富貴階級和當地居民脫節。在她之前的蘇丹經常支持這些學者，部分是出於宗教信仰，部分是視之為制衡富貴階級勢力的一種方式。

一六三七年，塔姬已故的丈夫曾將伊斯蘭法學者努爾丁·拉尼里（Nur-al-Din Raniri，卒於一六五八年）帶到亞齊。拉尼里來自今天的印度古吉拉特邦，他首創使用馬來語撰寫的伊斯蘭法，並很快強化了亞齊蘇丹國作為伊斯蘭學術中心的形象。他最著名的著作是一部多卷的馬來文彙編教法，為穆斯林的信仰和實踐設立了一個新的標準。然而，由於發現新的女君主並不欣賞他的研究成果，拉尼里於一六四四年永遠離開了亞齊。

塔姬的理念與她所處的時代潮流相符，她更傾向於對伊斯蘭教懷抱一種更加溫和與包容的願景。十六世紀中葉，來自安達盧斯的蘇非思想家伊本·阿拉比（Ibn Arabi，一一六五至一二四〇年）的哲學世界觀已經在亞齊和更廣泛的東印度各地生根。當地最能言善道的倡導者是哈姆扎·潘蘇里（Hamza Pansuri，約一五三五至一五九〇年），他被公認為用馬來文寫作的第一位偉大詩人，涵蓋的主題十分廣泛，如探討真主、人類和存在。

當時，伊本·阿拉比的哲學思想在鄂圖曼帝國的領地、薩法維伊朗以及蒙兀兒印度盛行許久。伊本．阿拉比的思想通常會被貼上泛神論的標籤，但這個模糊的標籤掩蓋了其中的微妙和複雜之處。伊本．阿拉比超越了語言、膚色甚至宗教等差異，強調所有人本質上的一致性。這位女性蘇丹在接受伊本．阿拉比的思想時，發現自己擁有一群優秀知識交流的同伴，包括開明的蒙兀兒皇子達拉．什庫赫（Dara Shikuh，一六一五至一六五九年）。在塔姬之後，繼承了亞齊蘇丹國王位的三位女君主繼續支持關於穆斯林虔信和權威的一些特定觀念，這些觀念與亞齊和其他地區的某些學者所倡導的不同。正如在其他地方和其他各種脈絡下的情況，這種知識分子間的辯論激化了宮廷內外各派別間的衝突，或說是反映出這樣的衝突。

最終，學者帶著報復心態捲土歸來。以伊斯蘭法為基礎的觀點在亞齊重新取得優勢，這也反映出印度在嚴格的蒙兀兒君主奧朗則布（Aurangzeb，一六五八至一七〇七年）統治下的發展。男性再次強調了這則聖訓：「那些把權柄交給女人的人將永不見繁榮之日。」[6]

伊斯蘭的兩種願景顯然在相互競爭。對伊本．阿拉比學說的反彈最初出現在伊斯坦堡、伊斯法罕和德里，最終也來到亞齊沿岸，因而終結了當地的女性統治。

第十四章

是英雄還是異端？——塔赫蕾

生卒年約一八一四至一八五二年

塔赫蕾出生時，一場重大的辯論使生活在加茲溫的穆斯林產生分歧，在學者成員之間尤其嚴重，她的家人也深陷其中。這一爭論的核心在於什葉派穆斯林如何正確地過宗教生活。只要是先知穆罕默德還在世，並仍在傳遞神聖的訊息，先知的行為就自然闡明了信仰的意義與內涵。……那麼他（伊瑪目）不在的時候，誰能代表神來說話呢？

十九世紀初，對穆斯林和所有其他人類而言，現代性（modernity）的曙光帶來了嶄新且複雜的政治、經濟和宗教挑戰、衝突和爭議。塔赫蕾就是生活在那個非凡的時代，並留下屬於她自己的非凡遺產。有些人譴責她是叛教者，有些人則把她當作聖徒來頌揚。直到今日，她的故事仍然與十九世紀伊朗的宗教爭議糾纏在一起。

一八一四年左右，塔赫蕾（Tahereh）出生在伊朗的加茲溫。她的父親將她命名為法蒂瑪，這是先知愛女的名字，深受什葉派穆斯林愛用。他還為她起了一個別名叫扎林・塔姬（Zarrin-Taj），意思是「戴金冠的女孩」。這裡使用的「塔赫蕾」一名是她在短暫的一生中獲得的少數幾個名字和頭銜之一。

加茲溫在十六世紀時曾經是薩法維王朝的首都，而到了十九世紀依舊是什葉伊斯蘭的重鎮。薩法維王朝已逝，經過幾十年的沉寂，卡札爾人（Qajars）建立的新王朝接管此處，並將統治都城設在德黑蘭。加茲溫距離新首都僅一百英里，仍然是個商業中心和宗教學識堡壘，因而繁榮發展。塔赫蕾的家族是什葉派的宗教學者世家，維護著加茲溫被譽為「信徒之居所」的聲望。

塔赫蕾出生時，一場重大的辯論使生活在加茲溫的穆斯林產生分歧，在學者成員之間尤其嚴重，她的家人也深陷其中。這一爭論的核心在於什葉派穆斯林如何正確地過宗教生活。只要是先知穆罕默德還在世，並仍在傳遞神聖的訊息，先知的行為就自然闡明了信仰的意義與內涵。根據在伊朗實行的什葉伊斯蘭教傳統，在先知去世後，他的女兒法蒂瑪和十二位伊瑪目繼續傳達著神聖的律法，而且他們的陳述和行為都是絕對正確的。然而，被稱為「末世引導者」（Mahdi）的第十二位伊瑪目早在九世紀時便已隱遁（消失於世），他將在世界末日前回歸。那麼他不在的時候，誰能代表神來說話呢？在十八、十九世紀之交，儘管只是因為社會似乎正在發生前所未有的劇變，這個問題卻變得迫切需要解決。

在塔赫蕾生活的城市，辯論的其中一方強調集中宗教權威的必要性。擁有信仰和虔信生活意味著追隨熟諳真主律法的在世信仰典範的腳步：他知道如何禮拜，如何齋戒，該吃和不該吃什麼，該選擇和放棄何種職業。生活中的每一件事都必須有個信徒應該遵循的規則。這種觀點的倡導者呼籲，應該培訓出分成多個階層的專家，這些專家對基本原則（或稱「法律來源」，osul）瞭如指掌。他們的觀點被稱為「烏蘇里派」（Osuli）立場。他們接受扎實的訓練，學習如何生活的基本法則，接著在這基礎上，執行專業的理性推論（ijtihad），以利制訂出神聖律法的細節。任何能夠完成最高階訓練之人都將成為理性派宗教學者（mojtahed）。烏蘇里派或支持理性推論的立場為信徒們提供了一個選擇：若不是自己成為理性派學者，就是追隨某位這樣的學者。群眾有追隨理性派學者的宗教義務，而理性派學者將肩負為神代言的責任。

辯論的另一方則是反對將信仰簡化成這樣的架構。遵循一個容易犯錯的俗人所構思的意見，這怎麼可能是信仰的本質呢？無論如何訓練有素，人仍然可能犯錯，而無論他們的意見多麼有見地，他們怎麼可能有權力為神代言呢？烏蘇里派成員貶低他們的對手，稱之為「阿赫巴里派」（Akhbaris），暗示他們所依據的都只是「訊息」（akhbar），也就是先知和伊瑪目的言行傳述。簡言之，烏蘇里派將宗教權威擴大分享給學識專家，而反對派則沒有這麼做。

與卡札爾王朝時期崇敬學者的習俗相符，塔赫蕾的家庭在加茲溫是備受尊敬的社群支柱。然而，她的家人卻分屬尚未落幕的烏蘇里派和阿赫巴里派爭端的不同陣營。她的父親和他令人敬畏的哥哥是烏蘇里立場的擁護者。她母親的家族則屬於另一個陣營。分裂塔赫蕾家庭的衝突形塑了她的生活。

塔赫蕾在一個學者家庭裡長大，因此享有在家裡上正式課程的特權。她自幼年便學會如何做一個受人尊敬的什葉派女性。她的父親教她學習《古蘭經》和聖訓。她的母親阿米娜（Amineh）本身就是位受過教育的婦女，她為她朗誦詩歌，幫助她背誦許多其他詩歌，並教她用蘆葦筆書寫一些精選之作。在家中和經學院裡，塔赫蕾學會使用和書寫波斯語、亞塞拜然語和阿拉伯語。她也會走出家門，到她父親創辦的經學院裡上課。

父親的經學院在塔赫蕾出生的同一年或之後不久創立，學院聲譽卓越，擁有數百名學生。她會在這裡坐在她叔叔的膝下，學習伊斯蘭教法和法理學。同時，塔赫蕾的兄弟和堂表親也向她介紹了錯綜複雜的什葉派哲學思想。她學得很快。她的哥哥曾說：

> 我們所有人，包括她的兄弟和表兄弟，都害怕在她面前說話，因為她的知識讓我們相形見絀。如果我們冒險提出意見，她會證明我們哪裡出錯了，她總是能夠清晰嚴格地用權威的語氣論證，令我們啞口無言、知難而退。[1]

塔赫蕾的父親看到了她的才華感嘆：「她若是個男孩有多好，可以將我的遺產發揚光大，繼承我的事業！」[2]令他懊惱的是，他很快就意識到，她對於繼承他的衣缽毫無興趣。反之，她希望推翻他所倡導的一切。錯誤的期望使父親和女兒都付出了沉重的代價。塔赫蕾覺得自己更傾向接受她母親一方的宗教生活願景。

一位著名的理性派反對大將來到加茲溫，導致宗教危機惡化時，塔赫蕾還只是個孩子。自一八一〇年代中期（可能是一八一二年）開始，極富領袖魅力的「謝赫」*，阿赫瑪德·阿赫薩伊（Shaykh Ahmad Ahsaie，一七五三至一八二六年）從阿赫薩（Ahsa）來到伊朗。阿赫薩是位於阿

---

* 編按：阿拉伯語中常見的尊稱，有長老、教長、智者等種種意涵。

拉伯半島東北邊緣的什葉派聚居區，今日以擁有世界上最龐大的原油蘊藏量而聞名。這號學識信仰淵博的人物在思想和言論的成熟度，以及寫作的品質（和數量）都超越大多數的理性派學者。他贊同阿赫巴里派的觀點，認為模仿另一個容易犯錯的凡人無法保證能得到救贖。他堅信，宗教真理只有透過直接接觸其源頭才能發現。他強調需要進行精神上的鍛鍊，以不斷接近十四位聖潔者（Fourteen Infallibles）——即先知、他的女兒法蒂瑪和十二位伊瑪目的精神境界。他的學說之一是主張，透過奉獻和虔信，人們可以在精神層面上接近第十二位伊瑪目，即隱遁伊瑪目。

阿赫瑪德在一個又一個城鎮裡爭取到追隨者和支持者，他呼籲對宗教思想和實踐進行徹底的修正。阿赫瑪德的追隨者被稱為「謝赫派」（Shaykhis），而塔赫蕾的母系親屬也成為了謝赫派的成員。事實上，阿赫瑪德正是應她舅舅的邀請才在一八二二年來到加茲溫，並接著安排他在城裡的聚禮清真寺領拜。塔赫蕾的母親曾在她自己的兄弟創辦的家族經學院中向阿赫瑪德學習。

這種歡迎理性派學者的頭號對手來到加茲溫的做法，讓塔赫蕾的伯父感到不安，他本人也是一名理性派學者。他利用自己的權威，譴責阿赫瑪德，替他加上褻瀆者的汙名，並迫使他在一八二四年離開了加茲溫。塔赫蕾母系親屬在這次針對其領袖的攻擊中首當其衝。幾年後，這位謝赫加入同陣營學者的行列，和他們異口同聲宣布伊朗和俄羅斯軍隊之間的軍事對抗是一場宗教戰爭，並規定所有穆斯林男子都有宗教義務參加與俄羅斯不信教者軍隊的戰鬥。有些歷史學家認為這場戰爭之所以慘敗收場，理性派學者和卡札爾王室同樣都應受譴責。十九世紀初數次的俄波戰爭導致伊朗損失大片領土，包括今天高加索地區的喬治亞、亞美尼亞、達吉斯坦和亞塞拜然。一八二六至一八二八年間，在這些慘痛戰爭的最後一輪，塔赫蕾失去了她心愛的十六歲哥哥穆罕默德。

即使還只是個少女，塔赫蕾也能感覺到她的大伯父因為譴責阿赫瑪德，並支持卡札爾王朝投入戰爭而獲益。這些作為和其他展示宗教權威的做法為他帶來大量財富、尊敬和影響力。她認為他是個世俗之人，而不像阿赫瑪德那樣心向真主。她的父親反對任何這類針對其兄長的評價。她父親曾試圖保持中立，但在戰爭一事上，他也支持對俄羅斯開戰。因此，當塔赫蕾有天晚上向他敞開心扉，表示她如何「渴求學習阿赫瑪德的學說……渴望他的闡釋，以及那些內在真理」，他阻止她繼續說下去，責備她成了「一個迷失的靈魂」。

為了「拯救」時年約十四至十七歲的塔赫蕾，她的父親和叔伯將她嫁了出去。新郎不是別人，正是她伯父的那個同樣自視甚高的長子，他很快就把她帶到卡爾巴拉（Karbala）。卡爾巴拉是伊拉克重要的什葉派聖地城市，也是理性派宗教學者的一個據點。卡爾巴拉成為這對夫婦的家，他們在這裡生活超過十年之久。他們一共生下三個孩子，分別是兩個兒子和一個女兒。他們的婚姻並不幸福。一八四一年他們回到加茲溫後不久，塔赫蕾就離開了他，帶著孩子搬進她父親家中，並在不到兩年後正式離婚。

塔赫蕾一如既往地渴求知識，她開始與卡爾巴拉一位謝赫派領袖權威通信。在卡爾巴拉生活的那幾年，她曾聽說過這位權威，如今則向他尋求性靈上的建議。她坦誠地寫道，她渴望見證第十二位伊瑪目（末世引導者）的到來。令她高興的是，他並沒有像她的父親，也許還有她的前夫那樣，拒絕她的詢問。他熱情地稱呼這位素未謀面的請求者為「眼睛的慰藉」（qurrat al-'ayn），並向她保證末世引導者即將到來。

於是塔赫蕾打包行李，帶著她的女兒和妹妹前去卡爾巴拉。為了安全起見，有幾名男性親戚與她們同行。一八四四年一月抵達了卡爾巴拉後，她得知與她通信的導師已經在幾週前去世。他的遺孀把她介紹給他最親近的門徒圈子，她和他們一起禁食長達數天，長時間祈禱和其他精神上的修行。他們都在等待末世引導者的到來。

有天晚上，塔赫蕾在夢境中遇見一名年輕的先知後裔（Seyed），之後她向卡爾巴拉已故謝赫派領導人的其他弟子描述了這個夢中之人。這就是那個將帶領他們找到救世主的人嗎？於是他們就出去尋找這號人物。他們在尋找「巴布」（Bab），也就是通往隱遁的第十二位伊瑪目的領域之「門」。雖然塔赫蕾不能和門徒圈裡的男性一起自由行動，但她透過寫作讓人們意識到她的存在。她寫了封信給這位「巴布」，並讓她的那些靈性尋求的夥伴帶著這封信去找他。這些人最終在設拉子（Shiraz）遇到了一位年輕的先知後裔，並認為他就是他們所尋找的神選引路人。憑藉這封信，塔赫蕾成為巴布的最初核心追隨者圈子的一員，他們後來被稱作「巴布派」（Babis）。

這位巴布著述等身。他在一個晚上就能寫出比多數作家數月或數年間還要多的作品。他身分定義的界線不久便開始模糊：巴布派一開始是認為巴布是通往救世主的引路人，但後來接受他正是救世主本人。

某些巴布派成員致力於為末日審判來臨的前奏武裝準備。到了一八四四年，距離隱遁伊瑪目消失正好是一千年整。這些巴布的追隨者相信將會有場正義和邪惡力量之間的世界末日之戰，於是他們前往卡爾巴拉，等待著輪到他們加入正義的軍隊。

為了遏止這種好戰的表現，卡札爾朝廷拘禁巴布，並將他監禁在一座堡壘中，不讓他和任何追隨者接觸。

身為女性的塔赫蕾沒有和她的巴布派同伴一起上戰場。反之，她用波斯語和阿拉伯語寫作和演講，創作並朗誦自己的詩歌，來表達密契主義理想。她致力於闡釋巴布的話語，因此很快就意識到話中精神、智性和制度方面的涵義。她宣告人們即將直接與末世引導者接觸，因而解決了謝赫派中不知該在內心尋找末世引導者，或是該在外部世界尋找他的緊張情勢。這麼做也能免去理性派學者擔任神性代言人容易犯錯的疑慮。塔赫蕾接著又催生出更為激進的立場，她在一八四六年宣告，既有公認的宗教法律已經不再適用。這聽起來無異是罪大惡極的褻瀆。

無論是遜尼派或什葉派，卡爾巴拉的穆斯林學者都譴責巴布派是危險的異端。普通百姓接收他們宗教領袖的暗示，也開始抗議巴布派繼續留在聖城。他們向塔赫蕾的家門投擲石塊，日漸增長的壓力使她無法繼續在那裡棲身。幾個月後，居民便將她驅逐出鎮。

一八四七年二月左右，塔赫蕾抵達巴格達，與城裡最有勢力的遜尼派部族同住。巴格達當局之所以如此安排，可能是為了保證這個波斯人的安全，也是為了釐清她在卡爾巴拉為何受到迫害。招待她的主人是巴格達著名的宗教權威，他與她交談，向她提問並仔細審查她的回答。兩三個月後，更高層的權威當局下令將她送回伊朗。

經過艱辛的長途跋涉，塔赫蕾在加茲溫遭受冷遇。她的丈夫疏遠她，父親無法原諒她，兩人都盡其所能地冷落她。除了對謝赫派的批評外，她的伯父還以更嚴厲的措辭斥責巴布派是邪教異端。然而，無論塔赫蕾的父親多麼冷眼看待巴布派的理念，要保護女兒時他從不猶豫。有次會面時，附近的學者嘲笑他的女兒來嘲諷他。其中一個人無禮地說：「這個家裡的母雞打鳴，公雞悶聲不響，真是丟臉。」在十九世紀的伊朗，人們極度重視榮譽，這樣的冷嘲熱諷令他悲嘆，並一言不發地起身離去。

這場家族爭鬥發生了悲劇性的轉折。一八四七年十月二十五日，一名謝赫派成員在黎明前的禮拜時刺傷塔赫蕾的伯父。這位年長的理性派學者因傷勢過重而不治身亡。眾人紛紛怪罪巴布派，塔赫蕾招致千夫所指。巴布派的夥伴協助她搬遷至德黑蘭。她在首都低調過活，但仍繼續佈道，有時甚至是在帷幕後方對男性訪客講道。

當權的君主於一八四八年去世時，巴布派看見能夠重新集結並東山再起的機會。塔赫蕾加入了巴達什特（Badasht）的巴布派團體，巴達什特是個曠野地區，從德黑蘭騎馬大約需要一天的時程。在那裡，她未戴面紗就公開露面，表明她支持應該暫緩施行（巴布派使用的是「廢除」一字）現存伊斯蘭律法的理念。她的行動引發了圍觀民眾的恐慌。一個女人怎麼膽敢在公共場合揭開自己的面紗？有些巴布派成員因此遠走高飛，還有些人宣布放棄對巴布的信仰。

數百名巴布追隨者從巴達什特和伊朗其他地方，前往伊朗北部的塔巴爾西堡壘（Fort of Tabarsi）。實際的事情經過眾說紛紜。巴布派和親政府派勢力（包括當地人和從首都派來的人馬）間爆發衝突。戰爭拖延了兩年之久，並以巴布派被擊潰告終。為了平息進一步的叛亂，卡札爾國王將巴布處決。回到德黑蘭後，塔赫蕾也遭到拘留。不過，女性仍會蜂擁而來見她、聽她講課，對她的話語如癡如醉。

隨後，新登基的君主性命遭受威脅。一八五二年八月十五日，一名巴布派成員用手槍射殺國王。這次的事件和許多嘗試政治暗殺的行動一樣，很難確定究竟是誰在背後指使。我們有充分的理由相信，這位年輕君主的堂表親樂見他被殺害。但儘管如此，政府當局不僅當場殺死襲擊者，還在德黑蘭展開剿滅巴布派的行動。一八五二年八月末某晚，親政府方的黨羽將塔赫蕾拖進一座花園，這也許是王室下達的命令，但更有可能是城市的領導人或甚至是更低階的權勢人士的提議。他們把她的圍巾強行塞進她的喉嚨，並將她掐死，再棄屍於一口井中。理性派學者因為站在卡札爾宮廷那方，樂見巴布派覆滅。詆毀者談起塔赫蕾時，對她的指控極盡粗鄙之能事，提到她在巴達什特掀開面紗的事件時，還會增添一些淫穢的細節。而巴布派則是指出巴布本人曾賦予她「純潔的塔赫蕾」的稱號，藉此回應這些誹謗。曾在巴格達庇護塔赫蕾的遜尼派學者駁斥了那些影射：「我在她身上看見我在多數男性身上看不到的美德。她十分聰慧、文雅，她的美德和貞潔令她獨一無二。」[3]她的親生女兒和兒子後來證實，他們的母親在人生最後的幾天就像個好穆斯林一樣，誦讀《古蘭經》，並每日禮拜。[4]

有些歷史學家盛讚塔赫蕾是伊朗女性運動的象徵人物。而其他人也許是自以為是，或是感到被塔赫蕾思想家和演說家的驚人能力所威脅，因而汙衊她、質疑她的人格，甚至指責她剽竊詩歌。塔赫蕾的兩極化形象一直揮之不去：一邊是聖潔的女英雄，另一邊是危險的異端。在她身處的時代，伊朗是什葉伊斯蘭的中心，正面臨現代性這個複雜概念的衝擊。當時的迫切問題是要決定由誰來為宗教代言，以及同樣重要的一點，宗教應當傳達些什麼。

第十五章

非洲女權先驅——阿斯瑪

一七九三至一八六四年

發生在十九世紀初的「富拉尼奮戰」改變了伊斯蘭教在非洲的發展方向。這場戰爭和推動它的宗教力量改變了西非的政治情勢。女性地位也因而改變。在戰爭期間和戰後，有位教師和治療師在賦予女性權力方面發揮了領導作用。我們稱這位具有傳奇能力的女性為娜娜・阿斯瑪

非洲的現代性遭遇與伊朗、印度和鄂圖曼帝國有些相似，但也展現出獨特的區域因素。

發生在十九世紀初的富拉尼奮戰（Fulani Jihad）改變了伊斯蘭教在非洲的發展方向。這場戰爭和推動它的宗教力量改變了西非的政治情勢。女性地位也因而改變。在戰爭期間和戰後，有位教師和治療師在賦予女性權力方面發揮了領導作用。我們稱這位具有傳奇能力的女性為娜娜·阿斯瑪（Nana Asmau）。她同時代的人則稱她為烏瓦兒·加莉（Uwar Gari），意思是「眾人之母」。

阿斯瑪生於一七九三年，在謝赫奧斯曼·丹·福迪奧（Shehu Usman dan Fodio，一七五四至一八一七年）的四十多個孩子中排行第二十二或二十三。「娜娜」是她後來獲得的一個榮銜。她還年幼時，她的父親就因為在他們的家鄉德蓋爾村（Degel）倡導伊斯蘭價值觀，而受到當地統治者施壓。一八〇三年，她和她的家人離鄉背井，當時她的父親帶領他們和數百名忠實的追隨者進入西非的灌叢地帶。這次出走徹底改變了她的生活。而隨後發生的起義被稱作「富拉尼奮戰」。

一切都始於德蓋爾，這是在豪薩人（Hausa）領地上的一片綠洲。豪薩人至今仍是非洲人口最龐大的民族，當時他們主要將今日的奈及利亞北部和尼日占為豪薩領地。德蓋爾與十九世紀初散布在這片土地上的許多尋常小村莊不同，那裡的多數居民都是外來人口，奧斯曼也不例外。一七七四年，他在阿斯瑪出生的二十年前來到了德蓋爾，致力於建設一個以伊斯蘭知識和美德為核心的典範社群。在當地方言中，「德蓋爾」是「正義、正直」之意，這座村莊可能在奧斯曼抵達前便已存在，但是他令它名副其實。奧斯曼期望村莊能夠成為居民的避風港，讓他們在這裡避免世俗的干擾，專注於培養虔信、學識和精神價值。奧斯曼不僅帶來願景，也帶來實現的決心。他從德蓋爾出發，勇敢向豪薩地區的牧民、織工、奶油生產者等人傳教。他告誡他們，穆斯林社群已經遠遠偏離《古蘭經》和先知穆罕默德的原始教義。阿斯瑪在成長過程中，時常聽到她父親明確呼籲信徒要復興先知的模範行為（即先知傳統）：

> （先知）替自己的衣物打補丁，縫補自己的鞋襪。他自己做家務，親自餵食替他送水的駱駝。他自己從市場上搬運購買的貨物，從不允許別人替他做這些事。[1]

奧斯曼走遍豪薩人的土地時，人們都在聆聽他的話語。除了伊斯蘭教的知識，他還有種個人魅力，散發著精神力量或「神佑」（baraka）的氣息。他與非洲歷史上多數的穆斯林領袖一樣，同時具備神佑和書籍知識的雙重美德，並體現蘇非主義精神。

伊斯蘭教在西非根深柢固。早在九或十世紀，旅行的商人就試圖將西非與北方的穆斯林社會聯合起來。一直到十二世紀中葉，法蒂瑪哈里發政權也支持著這種推動團結的做法，因為在大眾間傳播統一的信仰和習俗有助於連結區域商業網絡。到了十二世紀，伊斯蘭教在西非的沙黑爾（Sahel）和熱帶莽原地區已經生根。隨後，蘇非行者在蒙古入侵後接踵而至。其中許多人來自今天的伊朗和阿富汗等遙遠的東方地區，逃離讓他們的家園淪為廢墟的災難。到了十三世紀末，位於今天馬利的廷巴克圖（Timbuktu）、加奧（Gao）和卡諾（Kano）都已經成為伊斯蘭學術重鎮。這些城市因黃金、銅、布疋、皮革、鹽和穀物貿易而繁榮。西非的穆斯林會加入其餘的穆斯林教友，一起參加麥加和麥地那的年度朝聖（Hajj）活動。馬利的國王曼薩·穆薩（Mansa Mousa）是朝聖者之一，他曾在一三二〇年代中期以其坐擁的耀眼財寶震驚了在場的群眾，尤其是他那看似取之不盡的黃金。參加朝聖的商隊會把書籍當作紀念品帶回西非。世代以來，擁有藏書能反映出一個人的社會地位。到了十四世紀，伊斯蘭教義從馬利傳入了豪薩人的領地。而在五百年後，阿斯瑪已經可以輕鬆取得從廷巴克圖、的黎波里和開羅運到德蓋爾的書籍。

在阿斯瑪的時代之前的幾個世紀，歐洲殖民主義勢力已經滲透到西非，在如火如荼的「再征服運動」中開闢了新戰場。葡萄牙和西班牙的十字軍從北方登陸西非海岸，煽動地區爭端。他們的策略是蓄意挑起當地穆斯林和非穆斯林酋長間的暴力衝突。他們提供非穆斯林火藥武器，動員傭兵發起叛亂。這些干預措施更觸發了駭人的跨大西洋奴隸貿易。在接下來的四個世紀裡，有超過四百萬的奴隸從西非港口被運往歐洲和美洲，其中有數十萬人是穆斯林。阿斯瑪就是在這樣的背景下，試圖重新調整豪薩地區的女性生活方向。

奧斯曼譴責抓捕和販賣奴隸給歐洲人的做法，且特別為穆斯林奴隸發聲。他認為奴隸貿易也是人們偏離正道的一種作為而大力反對，並且批評同時代的豪薩地區居民沒有遵循先知的典範。他呼籲人們應該要堅持嚴格的道德生活。然而，德蓋爾的統治者並沒有耐心聆聽了解奴隸的困境和窮人的苦難，也聽不進穆斯林有施捨義務的勸告。他拒絕接受關於先知穆罕默德的謙遜和慈善行為的提醒。在他耳裡，這類的談話聽起來像是在煽動叛亂。奧斯曼身邊的擁護者數量和奉獻精神令這位統治者倍感威脅，因此他禁止奧斯曼傳教，接著又為了提防這位極富領袖魅力的佈道家的行動，決定將他驅逐出境。不過，這一決定卻適得其反，並為阿斯瑪的人生翻開了新的篇章。

有群男子為此集結成軍起來，支持奧斯曼對抗德蓋爾的統治者。奧斯曼的擁護者大多是豪薩地區的游牧民，他們被稱為富拉尼人（Fulanis），因此他的起義被稱作「富拉尼奮戰」。戰爭從一八〇四年二月延燒至一八〇八年十月，成千上萬的男人戰死沙場，還有數千名婦孺深陷苦海。年輕的阿斯瑪也投身支援戰爭。艱難困苦的遭遇形塑了她的認同和性格，幫助她與父親的追隨者團結齊心。她親眼目睹了作戰計畫的過程和實行，忍受著同樣的折磨。幾個月來，婦女和兒童在曠野中流浪。他們一起擠在破爛不堪的營帳中。他們經常處於飢餓狀態，生活在被敵人和草原上的野獸襲擊的恐懼中。共同的苦難使阿斯瑪和其他倖存者終生相伴。

最終，奧斯曼取得了勝利。他建立了一個新的哈里發政權，並將中心設在里馬河（Rima river）和索科托河（Sokoto river）交匯處附近的富拉尼人的據點索科托。身為領袖的他擁有哈里發、蘇丹和信士領導人的稱號。阿斯瑪在這個哈里發政權中擔任核心的角色。從一八〇八年到一八六四年她逝世為止，她都看著她的父親、兄弟、姪子和孫姪以哈里發的名義統治。她的丈夫在她十五歲時和她結婚，也參與了索科托哈里發政權的建立。

阿斯瑪感受到她那飽受戰爭之苦的社區亟需療傷。在戰場喪生的男子留下了孤兒寡母。應該如何處置那些從敵人手中俘獲的數千名男孩、女孩和女人？如何定義他們的身分？是奴隸嗎？幾乎每個家庭都將戰俘女子納作妻妾，阿斯瑪的哥哥在戰後不久便繼承他們的父親成為哈里發，他也收留了幾名女性。這些女子該如何融入社區？奧斯曼在世時一直強調伊斯蘭的美德，即同情戰敗者並慈善地對待孤兒寡母。他的女兒阿斯瑪利用教育來實踐這樣的精神。

奧斯曼自己也是由堅強、慈愛的女性撫養長大的，他在她們的陪伴下感到安全無虞。他坐在母親和祖母的膝下學會閱讀和寫作，她們兩人都是識字且能寫詩的女性。奧斯曼堅持要為索科托哈里發政權的女性賦權。下面這段話說明了他是如何強烈表達這樣的觀點：

（這些男人）迫使他們的妻子、女兒和女性親屬過著無所作為、宛如動物一般的生活。

他們就像對待鍋碗瓢盆一樣虐待她們，一旦因長時間使用而磨損，便將她們扔到糞堆裡。這實在是荒謬又可笑。[2]

他的女兒將這一教誨銘記於心。她像她父親一樣，看著婦女在社區事務中發揮了更大的作用，超越做飯、打掃和類似家務的傳統角色。阿斯瑪擁有識字博學的母系血統，她父親的三位妻子也是如此撫育她長大。當她的哥哥接替父親成為哈里發，她便有機會影響政策。

根據豪薩地區的傳統，統治者的姐妹享有崇高的地位。阿斯瑪利用這一點，致力於改善索科托哈里發政權女性的生活。她的任務十分艱巨。她把教育當作賦權的主要手段，向女性傳授伊斯蘭教、《古蘭經》和先知的教誨。她強調，虐待和貶低女性的行為與先知穆罕默德的典範相悖。對她來說，要恢復純正伊斯蘭教的根基取決於能否提高女性的地位。是時候根除羞辱女性人格的觀點和有損女性健康的習俗。像她父親一樣，她指責某些法學家引入了這些不正之風，而其他人則因為無知而採用這些觀念。她所關心的並不是摘下面紗或呼籲女人與男人自由交往。她希望女性能更了解伊斯蘭教義，並能夠閱讀、寫作、唱歌和工作。這將能讓她們從無知中解放出來。她以獲得和運用伊斯蘭教的知識來衡量自由。她透過分享先知及其友伴的生活來教導她們品德；她指導她們學習律法的基本知識，包括飲食和個人衛生等事務；並教給她們治療身體和心靈的傳統療法。

阿斯瑪試著和她的人民打成一片，於是配合他們的多元性，用四種語言寫作和教學：阿拉伯語是宗教學問和禮儀的標準媒介，豪薩語在豪薩地區占主導地位，富拉尼語或稱富勒德語（Fulfulde）是她的母語，以及另一種較少人使用的地方方言塔馬舍克語（Tamasheq）。她曾創作許多散文和詩歌，其中許多作品顯現出她對伊斯蘭傳統瞭若指掌。她自由地改編他人的素材，並經常引用《古蘭經》的段落。她旨在教誨的詩句概述了正當的穿著、行為、飲食和信仰。她用直白的語句，試圖引導人民敬畏真主，她強調保持虔誠行為的重要性，要在世俗生活中揚善避惡，並遵行伊斯蘭的教誨。

在一部名為《女性蘇非行者》（*Sufi Women*）的著述中，阿斯瑪將幾位當代女性列為典範，供她的學生尊敬和追隨。阿斯瑪自己也是個蘇非行者，她被認為擁有靈性的力量，或「神佑」。據說，在富拉尼戰爭期間，她的兄弟發現自己在戰鬥中遭遇困難時，她扔給他一支火把，於是他用火把燒毀了敵人的營地。然而，神佑必須與所謂的「博里」（bori）區別開來。神佑與伊斯蘭有關，且備受尊重，而「博里」則被譴責為是邪惡的。在豪薩語中，「博里」是種存在於各種物品內的精神力量或靈。

豪薩地區的非穆斯林會實行與「博里」有關的儀禮，包括跳舞、擊鼓、飲酒、敲擊葫蘆和使用偶像等。一些與這些儀禮相關的祕術和法術被稱為「博科」（boko），比方說，用「博科」來治療不孕或治療被惡靈附體等病痛。女性在這些儀禮中扮演著核心角色，其中某些儀式在豪薩地區仍在執行。阿斯瑪十分鄙視博里和博科，認為它們是不信神的黑暗時代（也就是蒙昧時期）明目張膽的殘餘，她的目標是根除人們的這類信仰。她以阿拉伯文散文體創作了一本書，其中引用《古蘭經》的經文和被認為出自先知的言論，來囑咐治病、止痛、療傷、避開惡魔之眼等的正確方法。

當時，很少有女人識字。因此，阿斯瑪創作的詩句主要是為了讓人便於背誦和朗誦。特別是女性經常在家中和曠野吟唱這些詩句。除了為口傳作品增色，她也為索科托哈里發政權識字的菁英寫作。

男人和女人都相當敬重她，視她為一位「瑪拉瑪」（malama），這個詞結合了女教師、治療師和領導者之意。她提供人們所需要的東西：伊斯蘭知識、關於該做什麼和不該做什麼的指示，以及一種精神性的感受。婦女從其他的村莊湧入她家，坐在她的膝下聽課。其中那些會寫字的學生將她的話記錄在她們的木製抄寫板（allos）上。人們稱這些婦女為「揚塔露」（Yan Taru），意為「姐妹夥伴」。每個姐妹夥伴小組都有一個自己的領導人，稱為「嘉吉」（jaji）。在入會儀式上，每位嘉吉都會得到一條紅布條和一頂氣球狀的大草帽，名叫「瑪爾法帽」（malfa）。這些婦女帶著她們的宗教權威象徵物和學識回到各自的村莊，索科托哈里發政權的士兵會在旅途中保護她們。

阿斯瑪的聲譽遠播到索科托哈里發政權的領土範圍之外。她在沙黑爾地區和蘇丹非洲（Sudanic Africa）西部的大部分地區都有接應的門路，包括摩洛哥和茅利塔尼亞。她的遺澤流傳至二十一世紀，且不僅在她的祖國，亦即今天的奈及利亞，也留存在世界的其他地方。歌手有時會將她的詩作配上音樂演唱。

今天，奈及利亞正式成為一個世俗的民主共和國。這個擁有一點九億人口的國家有時被稱為「非洲巨人」，是非洲人口最多的國家，穆斯林和基督徒的人口幾乎各占一半。在一八四〇年代，現今的奈及利亞南部出現了第一批基督教傳教士，這段時間正好是阿斯瑪在奈及利亞北部活動成果最豐碩的年代。隨後，從一八八〇年代到第一次世界大戰爆發，歐洲的基督教統治者競相占領並殖民非洲大陸，也就是所謂的「瓜分非洲」，基督教勢力在這波熱潮下大幅成長。最終，英國王室的殖民官員在一九〇三年廢除了索科托哈里發政權。阿斯瑪和她的姐妹夥伴為婦女在社會生活中開拓空間，讓她們能活躍其中，但至此這些的空間已不復存在。

阿斯瑪於一八六四年去世時，她的遺體被安葬在她父親附近。這個墓地在豪薩語中被稱為「乎貝爾」（Hubbare），如今成為朝聖地點。每天都有數百名來自奈及利亞、蘇丹、塞內加爾等地的訪客前來。她的遺產留存至今。她的姐妹瑪爾嫣（Maryam）、姪女塔莫迪（Tamodi）等人繼續執掌著以她的教導為核心的組織。今天，仍有女性會從遙遠的歐洲和北美來到索科托，吟唱著阿斯瑪的詩句。有些人會參與嚴格的系列課程，學習阿拉伯文、《古蘭經》釋經、律法和教義等科目。

在「博科哈拉姆」組織（Boko Haram）*以暴力呼籲建立一個哈里發國家的兩百年前，奈及利亞就曾出現過一個哈里發政權。在其鼎盛時期，索科托哈里發政權統治的地區涵蓋了今天的布吉納法索、貝南、奈及利亞、尼日、查德和喀麥隆。儘管在二〇一六年，博科哈拉姆以伊斯蘭教的名義恐嚇社區，綁架女學生並強迫女性成為奴隸，但早在十九世紀，索科托哈里發政權便曾透過教育賦予女性力量。西非的博科哈拉姆和全球各地的類似組織，總是處處歪曲伊斯蘭的歷史。

---

* 譯注：這個詞的意思是「禁止博科」，也就是禁止不符合伊斯蘭教義的教育（包含西方教育）和事物，坊間媒體的「博科聖地」一說乃南轅北轍之大謬。

第十六章

教育家與法學家——穆赫莉莎

一八六九至一九三七年

俄羅斯帝國的現代性進程以決定性的方式影響了伊斯蘭歷史，在十九世紀末和二十世紀上半葉尤其如此。穆赫莉莎．布比就生活在那個時代，她是位走在風氣之先的穆斯林教育家和先鋒女性法學家。……她在生命的最後十年裡致力於頒布促進女性權利的法律和法規。最終，她在蘇聯的反宗教運動中悲劇身亡。

俄羅斯帝國的現代性進程以決定性的方式影響了伊斯蘭歷史，在十九世紀末和二十世紀上半葉尤其如此。穆赫莉莎・布比（Mukhlisa Bubi）就生活在那個時代，她是位走在風氣之先的穆斯林教育家和先鋒女性法學家。如今她的影響力再起，並且平反了過去的歷史定位。就在最近的二〇一四年，幾個婦女組織團體在俄羅斯的韃靼斯坦共和國（Republic of Tatarstan）首都喀山（Kazan）頌揚她的成就。他們宣告穆赫莉莎是位先鋒教育家和法學家，更是當代穆斯林女性的典範。

穆赫莉莎在十九世紀的俄羅斯倡導穆斯林女孩的現代教育事業時，她仍十分年輕。後來，她成為現代歷史上第一位穆斯林女性法官。她在生命的最後十年裡致力於頒布促進女性權利的法律和法規。最終，她在蘇聯的反宗教運動中悲劇身亡。

一八六九年，穆赫莉莎出生在韃靼人的故鄉韃靼斯坦。韃靼利亞（Tartary）是從日本以北一直延伸到伊朗以東的廣袤大地，韃靼人曾在十三世紀從這片散居的大地前往加入成吉思汗的軍隊。自十四世紀以來，許多人在喀山及其周圍地區定居，建立了韃靼斯坦最大且最重要的城市。這個繁榮的貿易城市坐落在喀山河（Kazanka River）和伏爾加河（Volga River）的交匯處，距離俄羅斯首都莫斯科以東約七百五十公里。

穆赫莉莎的姓氏「布比」源自距喀山約三百二十公里的韃靼人村莊，稱作「伊吉—布比」

（Ij-Bubi）或「伊日—博比諾」（Izh-Bobino）。她的父親是一名穆拉（mulla），也就是教士，擔任村裡的伊瑪目或稱佈道師，帶領眾人禮拜，主持婚禮和葬禮，有時還負責裁決一些小糾紛，例如遺產分配問題。穆赫莉莎自幼在家中就吸收了關於伊斯蘭教的基本知識。她坐在母親的腿上學會了背誦《古蘭經》的一些段落，並在父親的小藏書室裡鑽研手抄本。

穆赫莉莎的母親和祖母都是受人尊敬的女子教師（abistays），也就是教授當地女孩的識字婦女。無論是男孩或女孩，學童都會學習讀寫，掌握基礎的算術，上信仰和禮儀課。韃靼人宗教生活有很大一部分是受到這些女子教師的影響，她們教育女孩，為婦女提供諮詢，並在婦女集會上講道。有時，女子教師會提供自己的家給女性，當作她們交流的場所，在那裡交換詩歌，吟誦讚詞，討論與家庭相關的問題，尋求法律諮詢，或者一起開始抄寫手稿。

一八八七年，當穆赫莉莎年滿十八歲，她也準備成為一名女子教師。她的父母將她許配給一位穆拉，但結果那段婚姻並不幸福，在歷史力量、個人喜好和純粹機緣的結合作用下，她走向了不同的方向。她以一名年輕穆斯林女子的身分，加入了所謂的維新運動（Jadid movement）。**Jadid** 一詞的意思是「新」，在十九世紀的韃靼斯坦，它帶有現代、進步和文明化的涵義。維新運動提倡的精神是要扎根在傳統價值的精髓之上，同時迎向更加美好的未來。就像這場運動的其他擁護者，穆赫莉莎也希望在世界諸文明國家中改善俄羅斯的地位，並且能在俄羅斯帝國內提高穆斯林臣民的地位。

自從俄羅斯沙皇將其權力基礎擴展和鞏固到莫斯科周邊之外，穆斯林臣民就一直是俄羅斯的一部分。早在一五五二年，人稱「恐怖伊凡」（Ivan the Terrible）的伊凡四世（一五四七至一五八四年在位）便征服了喀山。恐怖伊凡的稱號並非虛名，當時他屠殺了一半的喀山人口。那些倖存下來的居民面臨了改宗俄羅斯東正教的脅迫，但仍堅持保有原來的信仰。長達好幾世代，他們都會讚頌喀山最後一位穆斯林女王蘇伊姆・別克（Suyum Bike），她曾光榮地與沙皇死戰到底。穆赫莉莎在世時，提到這位受人愛戴的女王的名字仍能激起韃靼穆斯林的團結之情，對維新運動的支持者來說尤其如此。

直到十八世紀，俄羅斯女沙皇凱薩琳二世（Catherine II，一七六二至一七九六年在位）統治時才終於放棄了強迫穆斯林改宗基督教的政策。取而代之，她允許讓伊斯蘭社群建立一個有組織的等級制度，與俄羅斯的東正教會並存。為了對穆斯林表示友好，她在一七八七年，她開始為印刷《古蘭經》進行排版，這是歷史上的第一次。此外，她還批准將伊斯蘭律法當作穆斯林間判決的法律框架。不久後，「穆斯林精神事務管理機構」便成立了。把宗教認定為「精神事務」的意義最為重大。這個組織負責收集和保存穆斯林人口紀錄，並監管清真寺運行，它始終著眼於加強穆斯林對俄羅斯帝國的忠誠。法院任命了一位高級穆拉來管理穆斯林事務。這位穆拉負責發布根據伊斯蘭律法所做出的裁決（fetvas），擔任俄羅斯帝國的首席法官（mufti）。首席法官藉由伊斯蘭法官（qazyis）的等級制度，監督司法法庭網絡的運作，來管理穆斯林結婚、離婚和遺產分配等事項。

到了一八五〇年代末，凱薩琳的曾孫沙皇亞歷山大二世（Alexander II，一八五五至一八八一年在位）發起一系列的大改革（Great Reforms），以期使臣民受益。最值得一提的是，他廢除了農奴制，讓全帝國數百萬農民擺脫了地主的束縛。知識界洋溢著一種樂觀的氛圍，認為進步不僅令人嚮往，而且是可能實現且近在眼前。最終，改革派展望的目標體現在俄國發生的一連串社會運動和革命起義上。其中最重要的是一九一七年改變世界的俄國革命（Russian Revolution）。

在韃靼人的社群中，大改革也啟發了維新派。他們呼籲透過革新伊斯蘭教義，以利促進社會改革和進步。韃靼人的維新派和同時代的印度、伊朗、土耳其和埃及的許多穆斯林一樣，都堅持進步的意識形態。他們結合各種政治和宗教理想來復興和革新伊斯蘭教育，製作各式報紙、小冊子和其他出版品。他們的口號是教育、教育、教育。

到了一八九〇年代，維新派的理想在喀山開花結果，甚至傳播到伏爾加—烏拉爾人（Volga-Urals）的偏遠地區。穆赫莉莎的兄弟都是伊吉—布比村莊的維新派。她自己也深受維新運動教育創新和重視婦女教育的觀點鼓舞。當時，穆赫莉莎已經離開她不愉快的婚姻，搬回父母身邊。在母親、父親和兄弟堅定不移的鼓勵下，她於一八九七年在韃靼斯坦開設了第一所現代女子學校。課程的思想和實行融合了俄羅斯、歐洲和伊斯蘭元素。除了基礎的讀寫外，年輕女孩還接受衛生、家庭手工藝和家務管理技能方面的指導。課程包括地理和算術，以及《古蘭經》背誦和阿拉伯文書法。

伊吉—布比女子學校頒發的證書賦予畢業生資格在其他地方擔任教師。她的名氣和學校的聲譽吸引了來自喀山和遠在莫斯科、撒馬爾罕、比什凱克（Bishkek），甚至西伯利亞的學生。這所學校的許多畢業生都成為教育工作者。隨著俄羅斯各地女子學校的數量增加，對合格教師的需求也在不斷攀升。

穆赫莉莎學校的一份學生來信集，讓我們能夠感受到她為培養新一代開明女性所付出的關愛奉獻，這些女性後來的人生成功美滿，引導她們的家庭和社區走向更美好的未來。其中一封信的作者雷哈娜（Rayhana），來自俄羅斯中部下諾夫哥羅德省（Nizhny Novgorod）的一個富商家庭。在與她的學校校長建立了密切的關係後，她在信中寫道：

> 您日夜關心我們，將我們培養成優秀的人，向我們展現的慈愛更勝親生父母，為了讓我們幸福提供建議和意見。儘管我心懷感激，但我知道我甚至不能回報您給我們的十分之一。

雷哈娜似乎是個有些叛逆的女孩，一九〇八年時，她的父母將她送到離家八百公里遠的穆赫莉莎學校上課，以學習教養和紀律。以下是她母親給她的一些建議：

就像妳在意妳的衣服是否漂亮乾淨，永遠不要忘記用知識和良好的禮儀來裝點自己。人之所以能成為人不是靠衣服，而是靠知識和良好的禮儀。

在校四年後，雷哈娜回到家鄉，在一名富有女性資助的新式學校裡教導女學生。

俄羅斯官員質疑維新派的教育和知識活動背後的政治動機。對他們來說，維新派忠誠的表現似乎有所分歧，而且也跟伊斯坦堡走得太近。當時，鄂圖曼人在政治和軍事上仍然跟俄羅斯沙皇相抗衡。有些人擔心維新派會成為鄂圖曼帝國利用的工具。的確，維新運動的一些成員確實公開讚揚了鄂圖曼蘇丹提出的泛伊斯蘭主義，那是種讓全體穆斯林在單一領袖的領導下團結一致的願景。為此，維新運動付出了代價。俄羅斯警方最終於一九一一年關閉了穆赫莉莎的學校，稱其為激進陰謀的溫床。有些教職員遭到逮捕，穆赫莉莎的兄弟也在其列。

穆赫莉莎並沒有氣餒，她繼續在其他地方追求她身為教育家的使命。她接受了在距離莫斯科約一天路程的特羅伊茨克（Troitsk），一個富有穆斯林家族的邀請，領導管理他們資助的一所新學校，並以十六世紀的韃靼女王蘇伊姆・別克為名。在一九一四到一九一五年學年的學校開幕式上，穆赫莉莎強調社會若要進步，婦女教育不可或缺，並闡述了她認為伊斯蘭在教育領域的作用為何：

感到幸福和保護我們國家的關鍵因素，在於女性受教育，鞏固我們宗教的最必要作為也是讓我們的婦女接受教育，以知識來妝點她們。

在第一次世界大戰的混亂中，俄羅斯經歷了一波又一波的政治動盪，最終在一九一七年達到高峰。當年二月，最後一位沙皇退位，並將帝國統治權委託給臨時政府，而臨時政府則透過地方社區議會（即蘇維埃）的等級制度進行管理。八個月後，也就是十月，武裝叛亂分子解散了臨時政府，將所有權力移交給蘇維埃。最後，這一舉措鞏固了強大的蘇維埃社會主義共和國聯盟。

同樣是在二月時，俄羅斯女性獲得了與男性平等的公民投票權。這比英國部分女性獲得投票權的時間早了一年，比美國憲法第十九條修正案賦予美國女性這一權利早了兩年。在幾位伊斯蘭法官的決定性支持下，俄羅斯的穆斯林女性不僅獲得了投票權，更得到授權能夠加入政治組織、並按其所欲召開代表大會。

一九一七年四月二十三日，來自俄羅斯不同地區的穆斯林女性齊聚喀山。穆赫莉莎和全俄穆斯林婦女大會（All-Russian Muslim Women's Congress）的其他與會者，提議要改革婦女的社會地位，呼籲提升女性的婚姻權利，並討論了男女平等的意義。身為擁有投票權的俄羅斯公民，有些與會者比其他人更傾向社會主義，甚至是共產主義。不過，她們都同意在伊斯蘭律法的框架內提出方法和手段。經過了激烈的辯論，該小組將其決議提交給全俄穆斯林大會（All-Russian Muslim Congress）。這次會議於一九一七年五月一日至十一日在莫斯科舉行，約有九百名穆斯林代表參加，其中有一百多名女性。

從四月的婦女大會開始，有個敏感的話題便持續受到討論，他們要求禁止一夫多妻制。這個議題在莫斯科又被提起，但仍未果。由於伊斯蘭律法允許這樣的做法，在處理這個問題時需要特別謹慎。有些人以《古蘭經》為依據要求平等，而另一些人則堅持認為，在社會和政治生活的所有層面，男女都無條件平等的觀念與伊斯蘭律法抵觸。

不過，莫斯科大會還是達成了一項關於穆斯林事務管理的重要決議。穆斯林精神事務大會（Muslim Spiritual Assembly）將按照透過諮詢會議或蘇維埃分配權力的革命模式進行重組。它將被重新命名為穆斯林精神管理機構（Spiritual Administration of Muslims）。今後，首席法官和與他共事、以伊斯蘭律法為基礎的合議庭法官應該由選舉產生，而不是由上級任命。身為穆斯林選民的代表，首席法官和伊斯蘭法官必須定期舉行會議，聽取、討論和決議選民的要求。在莫斯科舉行的大會還產生了最令人驚訝的決議，他們史無前例地選出了一名婦女擔任伊斯蘭法官，在該機構任職。這一革命性認可男女平等的做法，不僅在俄羅斯穆斯林圈，甚至在穆斯林世界的歷史上都是獨樹一幟的發展。在被提名任職的三名女性中，穆赫莉莎勝利獲選。

當選兩個月後，穆赫莉莎辭去在特羅伊茨克學校的職務，開始擔任伊斯蘭法官。她懷抱決心與希望穿上宗教權威的長袍，無懼批評者反對她當選，稱其為「宗教和政治錯誤」，他們可能引用了聖訓中的一句話：「屈服於婦女的權威預示著厄運。」在接下來的二十年裡，穆赫莉莎指導了家庭事務部，處理離婚、嫁妝、婚姻同意、繼承和其他婦女的法律投訴問題。她法官身分的工作成果補足了她身為教育家的成就。她在穆斯林社區裡裁決家庭糾紛時，表現出與她在開辦女子學校時相同的投入精神。身為伊斯蘭法官，她主動指示在她管轄範圍內服務的穆拉和伊瑪目要保護婦女權利，特別是停止為已婚男子二次證婚。

除了擔任伊斯蘭法官，穆赫莉莎還繼續發表關於婦女法律權利的文章。在一九一七年八月的一篇報紙文章中，她提到她收到了大量關於一夫多妻制案件的投訴。她聲明，任何人都無權強迫婦女成為已婚男子的第二、第三或第四位妻子，並譴責主持這類婚禮的穆拉。

在穆赫莉莎的監督下，穆斯林精神事務管理機構正式指導穆拉該如何主持婚事。她起草了婚姻契約的範本，在伊斯蘭律法的框架內定義女性的婚姻權利，要求主持婚禮的穆拉要以明確的用字，大聲宣布婚姻中的權利義務條款。在結婚時，應就婚姻條件徵求女方的意見，指出在丈夫迎娶第二名妻子、經常醉酒或賭博、染上性病、性無能或無力養家時，女方有權單方直接提議離婚。

也許穆赫莉莎在這方面的熱情有部分受到個人經驗影響。她自己的婚姻早已破裂，但為了她父母的面子，她維持與丈夫的關係多年。她在一八九七年決定離開時，她的丈夫拒絕與她離婚，一直拖延了二十年之久。無論她是出於何種個人動機，穆赫莉莎堅定而公正的法官聲名遠播。她處理了來自俄羅斯各地的家庭案件。

除了控訴男人迎娶多位妻子之外，穆赫莉莎還裁決了離婚、繼承和兒童監護權利等案件。伊斯蘭律法允許婦女繼承其父母、丈夫、兄弟姐妹和子女的遺產。因此，關於財產權的糾紛可能會相當複雜，實際情況確實有時也是如此。

儘管一九一七年爆發的十月革命最終對俄羅斯的伊斯蘭教發展不利，但在初期幾乎沒有影響到穆赫莉莎的伊斯蘭法官工作。一開始，共產主義革命堅持其解放和賦予少數族群權力的承諾；其領導人列寧（一八七〇至一九二四年）甚至號召俄羅斯穆斯林在反對西方殖民主義的鬥爭中成為世界先鋒。此時，穆斯林的立場也開始分歧。共產黨有些穆斯林成員，他們大部分是先前的維新派，並成立了穆斯林社會主義委員會（Muslim Socialist Committee）等組織。與此同時，穆赫莉莎繼續推動女性權利，視之為自己的神聖職責。共產政府樂見她為結束童婚和娶寡嫂婚姻（即喪偶婦女必須與已故丈夫的男性親屬結婚）等習俗所付出的努力。

正如她在生活和職涯中的其他時刻，穆赫莉莎以韌性來平衡機智。例如，她在伏爾加河流域饑荒（Povolzhye famine）在當地肆虐後便採取行動。在一九二〇至一九二二年的短短數年內，這場災難估計造成了五百萬人死亡。她盡力支持倖存者，在共產黨報紙《真理報》（*Pravda*）上署名發表一封信，力勸全世界的穆斯林來援救受難者。她起草並批准了一項以伊斯蘭律法為本的裁決，允許女性以其丈夫死於饑荒為由獲得離婚和再婚的權利。同時，穆赫莉莎繼續接觸一般的穆斯林民眾，提醒他們伊斯蘭的教養對新世代的重要性。

她強調「我們的母親和祖母在教授和學習宗教的過程中面臨許多障礙，但她們仍努力守護我們神聖的伊斯蘭教。」並感嘆如今在女子教師的門下學習的機會幾乎已經不復存在。她敦促男性，特別是地方的伊瑪目，要鼓勵婦女和兒童去清真寺聆聽講道，尤其是晚上和星期五的聚禮。她強調，培養女孩成為向下一代傳遞宗教知識和道德的要角深具宗教價值：「傳授伊斯蘭將是她們未來面臨的一項職責。」

鑑於當時全面的反宗教運動及其對伊斯蘭教的壓制，發表這樣的聲明十分勇敢。政府已經透過一些期刊宣傳對伊斯蘭的攻擊。宣稱忠於伊斯蘭教會引來危險。

令人生畏的史達林（一八七八至一九五三年）接替列寧，開始擔任蘇聯共產黨中央委員會總書記後，更大力向穆斯林宗教機構施壓。就在他一九二二年上任後的幾個月內，人民教育委員會便禁止穆斯林學校內的宗教學習。共產黨機構汙衊伊斯蘭教是反動宗教，是「蘇聯所有文化中最資產階級化的文化」。在幾年內，活躍的穆斯林宗教集會場所、清真寺和蘇非中心的數量從幾萬個減少到幾十個。伊斯蘭法庭遭到解散，穆赫莉莎的法官身分也隨之喪失。

共產黨將韃靼斯坦視為共產革命過程中的伊斯蘭問題核心，於是在那裡發起去伊斯蘭化進程。該政策要求，韃靼人的著作今後只能以西里爾（Cyrillic）文字書寫。禁止阿拉伯文是為了切斷韃靼人與伊斯蘭歷史和當代穆斯林世界長達幾世紀的連結。更加嚴厲的迫害接踵而至。數以千計的清真寺、學校和慈善機構被迫關閉。穆斯林不得不「自願」交出他們的生產場所，改作蘇聯「文化和教育中心」之用。村莊居民全都被誣陷與外國反革命勢力勾結，因此面臨被驅逐和無家可歸的命運。無數的穆拉和伊瑪目被捕、監禁和流放到古拉格勞改營（gulag）。一九三七年，史達林的安全警察機構內務人民委員部終止了穆斯林在蘇聯的自治權，將伊斯蘭教從公共生活抹除的企圖來到高峰。

一九三七年，穆赫莉莎也淪為內務人民委員部的受害者。她在那年的十一月因被懷疑是反革命資產階級民族主義組織的成員，並擔任了該組織與外國情報部門之間的聯絡人而被捕。這起案件完全是憑空捏造，但穆赫莉莎在一個月後遭到處決。與其他數百萬人一樣，她也被史達林宣告為反革命分子。

可以試想，假如共產主義革命沒有摧毀那些俄羅斯穆斯林，他們將能為伊斯蘭歷史帶來何種貢獻？在俄羅斯之外，要再經過幾十年，其他的國家才效仿俄羅斯穆斯林促進婦女權利的做法：一九六四年的印度尼西亞、一九七〇年代的伊朗、二〇〇九年的巴勒斯坦領土，以及二〇一〇年的馬來西亞。有多少希望因為穆赫莉莎不再現身法庭而破滅？

自蘇聯解體後，穆赫莉莎已經如英雄般再次在人們心中復活。她因為教育家、法官和領袖的身分被人們所銘記和敬仰。二〇一四年，位於喀山的韃靼伊斯蘭文化博物館（Tatar Museum of Islamic Culture）開設了專門介紹她生平的常設展覽。喀山市的劇院上演一部關於她的戲劇。目前也有計畫以穆赫莉莎的名義設立一個特別獎項。在今天，許多韃靼穆斯林女性仍渴望汲取穆赫莉莎的遺緒。

第十七章

新土耳其的催生者——哈麗黛

生卒年約一八八四至一九六四年

哈麗黛協助推翻了舊制度，在形塑取而代之的土耳其共和國體制時也深具影響力。雖然她同意凱末爾對新土耳其的大願景，但她仍感到憂慮。她同樣認為國家本質上就是個社會政治單位，但與凱末爾不同的是，她引用了伊斯蘭教義來說明她的觀點。她認為家庭是國家的核心，而家庭的核心則是女性。

民族主義是種強而有力的意識形態，在近代伊斯蘭歷史上發揮了重要作用。從土耳其的哈麗黛．艾迪普．阿迪瓦爾（Halidé Edip Adivar）的生涯和事業可以清楚看出這一點。她是作家、社運人士、軍人和政治人物，在二十世紀初從鄂圖曼帝國過渡到土耳其共和國的時期，她既是推動者，也是觀察者。

哈麗黛出生在伊斯坦堡的一個望族，享受著鄂圖曼帝國末期最好的教養。她年輕的母親在哈麗黛還是個嬰兒時便已逝世，她的父親穆罕默德．艾迪普（Mehmet Edip）把她交給她的祖父、祖母關愛照料。她從家中的許多女性那裡學到土耳其的民間故事和習俗，除了掌握閱讀、寫作和基本算術的能力之外，她還學會背誦《古蘭經》的某些段落。在她的回憶錄中，她提到是她的祖母塑造了她的宗教觀。

在哈麗黛十一歲時，她的父親再婚，並把她帶回自己家。穆罕默德．艾迪普在新建的耶爾德茲宮（Yildiz Palace，意為星宮）裡擔任蘇丹──哈里發阿布杜哈米德二世（Abdul-Hamid II，一八七六至一九〇九年在位）的祕書和庫司。這個職位讓艾迪普能夠為他的女兒雇用一位英國家庭教師和幾位優秀的私人教師。

早在一八五九年，帝國就開設了女子中學（inas rusdiés），但是許多伊斯坦堡家庭都不願意將他們家中荳蔻年華的女兒送進有男性教師的學校。一八七〇年，在人口遠遠超過五十萬的城市，女子中學裡的學生人數只有區區兩百人左右。然而，哈麗黛的父親感受到時代正在改變，於是將他十一歲的女兒送到美國女子學院（American Girls College）就讀。美國海外傳教會（American Board of Commissioners for Foreign Missions）於一八七六年在博斯普魯斯海峽的安納托利亞岸邊創辦了這所學校。在那裡，哈麗黛接受了教師們的嚴格教育，其中多數是女性。一九〇一年，哈麗黛成為第一位從該校畢業的穆斯林學生，接受了適齡的文學和其他文科教育，包括可以掌握使用英語和法語。她熟練的外語能力讓她終其一生都大為受益。

畢業時，十七歲的哈麗黛第一次結婚。她的丈夫比她年長二十歲，曾輔導她學習數學。在九年的婚姻生活中，這對夫婦育有兩個兒子。與此同時，哈麗黛繼續盡可能閱讀並接受更多教育。

鄂圖曼帝國主要是以法國等歐洲列強為學習對象，開始投資具有現代意義的各項事業。到了十九世紀中葉，帝國已經擁有鐵路、人口普查、電報、蒸汽輪船、世界博覽會、鐘樓和歐洲風格的建築物。在阿布杜哈米德二世拍攝的數千張照片中，有教育設施和學生、軍事人員和設施、技術先進的救生和消防隊、工廠、礦井、港口、醫院和政府建築。[1]支持鄂圖曼帝國現代化的人讚美「這些歐洲元素與鄂圖曼帝國穆斯林文明的揉合」，認為這是「如何在現代化的同時保持自我認同」的解答。[2]

女性運動以伊斯坦堡為中心，在鄂圖曼帝國中逐漸發展起來，而報紙、小冊子和期刊雜誌給了她們發聲的管道。專欄作家和其他公共知識分子就婦女的適當衣著和禮儀發表文章，並鼓勵教育和政治活動。哈麗黛密切關注這場對話。

改善女子教育和鼓勵她們參與公民生活的訴求，與成千上萬的鄂圖曼帝國公務員、軍官、知識分子和運動人士的改革主義關切相互呼應。那些人自稱為「青年土耳其黨人」（Young Turks）。青年土耳其黨人決心要糾正和扭轉他們眼中鄂圖曼帝國的衰落面貌，在他們計畫的目標中結合改革主義和革命元素。首先，他們希望限制蘇丹的權力行使，從專制政府轉向憲政。鄂圖曼帝國在一八七六年頒布的憲法在一個世代前就已經確定了這一辯論的框架。

青年土耳其黨人堅決主張，成為在鄂圖曼帝國的蘇丹─哈里發權威下的穆斯林社群（ummet）的一分子無法維持帝國的團結。他們建議將「土耳其人身分」當作民族團結的新基礎。青年土耳其黨人強調的不是對君王的忠誠或公開表明伊斯蘭信仰，而是在血統、語言和心態上的土耳其性。他們承諾將把土耳其民族提升到在世界現代民族中應有的地位。

在一九〇八年的青年土耳其黨人革命（Young Turks Revolution）之後，哈麗黛開始聚焦在民族主義和女性運動的交點上，並將這兩種理想視為己任。她在報紙上就當時的議題撰寫專欄文章。在她二十四歲出版的第一部小說中，她將高瞻遠矚的女主角引入現代土耳其文學。與青年土耳其黨人的優先目標相符，她探討了「誰是土耳其人？」和「什麼是土耳其特質？」等問題。

哈麗黛認為，土耳其女性是土耳其家庭的核心，而家庭又是土耳其民族的核心。她的十幾部小說和許多短篇小說的文學作品體現了文學和民族主義的結合。

青年土耳其黨人規定女孩必須接受小學教育。哈麗黛與一位著名的女性教育家娜基葉・鄂爾貢（Nakiye Elgün，一八八二至一九六五年）通力合作，全面改革伊斯坦堡女教師培訓學院（Women Teachers' Training College）的課程和人事政策。

新土耳其人（New Turks）的社會文化俱樂部被稱為「土耳其壁爐前」（Turk Ocagi），他們鼓勵女性參加講座、表演和展覽。哈麗黛經常在那裡演講，為其廣為流通的期刊《土耳其家園》（*Turkish Homeland*）撰稿，並在執行委員會任職。

多虧近期的政治改革，婦女獲得更容易提出離婚的權利，儘管一夫多妻制對男人來說仍然合法。哈麗黛在一九一〇年離開了她的第一任丈夫，當時他告訴她他想娶第二個妻子。要生活在一段重婚的婚姻中，與哈麗黛的家庭願景相悖，她認為家庭應該是團結國族的和諧縮影。

與此同時，就像此前和此後的其他民族主義擁護者，青年土耳其黨人也有矛盾需要解決。數世代以來，鄂圖曼帝國已經納入了突厥人以外的幾個身分群體，並實現程度不一的融合。「純正」土耳其性的新概念使新土耳其人將突厥斯坦和韃靼斯坦的古老文化理想化，即使他們的活動集中在安納托利亞仍然如此。這種新生的民族主義給予非突厥人的空間極小。

在一九〇八年革命之後的幾年裡，希臘人、馬其頓人、保加利亞人、庫德人以及最為人所知的亞美尼亞人都付出了慘痛的代價。有一百多萬亞美尼亞人和希臘人從鄂圖曼帝國的土地上消失，而且許多人是在流離中死去。在《洛桑條約》（*Treaty of Lausanne*）的條款規範下，他們以鄂圖曼帝國領土上的近九十萬名希臘東正教基督徒，換得希臘國土上的約四十萬名穆斯林。

早在一九一二年，巴爾幹戰爭（Balkan Wars）開打便說明了維持鄂圖曼帝國的統一已經比以往都更加困難。戰爭重新劃分了從帝國分離出來的幾個新歐洲國家的邊界，而第一次世界大戰也繼續讓國界變動。

第一次世界大戰期間，哈麗黛曾是民族抵抗軍的一名高層成員。一九一七年，她與一位名叫阿德南（Adnan）的醫生和民族主義同伴結婚。後來，土耳其共和國規定每個人都必須有姓氏時，阿德南醫生採用了「阿迪瓦爾」（Adivar）這個姓氏，意思是「著名的」。一九一八年，鄂圖曼帝國崩解。當年秋天第一次世界大戰結束時，根據《穆德羅斯停戰協議》（*Armistice of Mudros*，十月三十日簽訂），戰敗的土耳其將被法國、義大利、英國和希臘盟軍占領。義大利軍隊占領了安塔利亞（Antalya）；希臘人於一九一九年五月十五日在伊茲密爾（Izmir）登陸，並開始向內地推進。占領軍最初的行動之一是解散伊斯坦堡的議會。安納托利亞開始出現了零星的抵抗和游擊戰。

在一九一九年五月二十三日，哈麗黛在伊斯坦堡舊市集（Old Bazaar）附近的蘇丹阿赫瑪德廣場（Sultanahmet Square）上，對數千人的集會者發表演說。她敦促他們與占領軍作戰。她的半身像今天就站在那裡，以紀念這一時刻。發表演說後，哈麗黛立即前往安納托利亞參與土耳其獨立戰爭（Turkish Independence War，一九一九至一九二三年）。她加入了安納托利亞抵抗運動領導人凱末爾（Kemal）的「核心圈」，他比較廣為人知的稱號是後來的頭銜「阿塔圖爾克」（Ataturk，意思是「國父」）。他曾活躍於一九〇八年的青年土耳其黨人革命。哈麗黛利用自己的語言能力，閱讀和報導外國新聞，為安納托利亞通訊社（Anatolian Agency）收集新聞和寫稿，並翻譯和起草英文和法文信件。有時，她還擔任與美國和英國駐伊斯坦堡官員的聯絡員。

在所有這些工作中，她都面臨著巨大的危險。占領國的外國軍隊和鄂圖曼帝國的蘇丹都希望看到民族主義者消失。英國軍隊將其中的五十五人驅逐到馬爾他（Malta）。鄂圖曼帝國的最高宗教權威——伊斯蘭謝赫（seyhulislam）在履行其職責時，發布了一項針對民族主義者的教令（fetva），規定任何穆斯林都有義務殺死這些叛亂分子。凱末爾、哈麗黛、她的丈夫和其他一些著名的民族主義代表人物是主要的目標。哈麗黛和她的丈夫藏身在距離美國女子學院不遠的於斯屈達爾（Üsküdar）。民族主義者和那些支持他們的宗教團體發布了他們自己的教令來反擊，將政府認定為叛徒。與此同時，土耳其的民族主義軍隊在未來的國父和他的戰友的帶領下，進軍安納托利亞中部。哈麗黛也加入他們，在紅新月會的旗幟下投入救濟工作。在一九二二年的大部分時間裡，她都待在軍中，也晉升到更高的軍銜。民族主義者不久便占了上風，大國民議會（Grand National Assembly）廢除了蘇丹制度。凱末爾於一九二三年宣布成立土耳其共和國（Turkish Republic），並親自擔任第一任總統。他將首都從伊斯坦堡遷至安卡拉，並任命哈麗黛的丈夫進入內閣。一九二三年三月一日，凱末爾正式廢除了哈里發制度，並命令鄂圖曼王朝的所有成員都要離開該國。

經過多年戰爭，土耳其已經窮困潦倒，成為一片廢墟。國家人口減少了兩成。共有三百多萬的鄂圖曼帝國臣民喪生。饑荒、霍亂和傷寒流行病席捲國土。

凱末爾強調，土耳其主義（Turkism）是新生的土耳其共和國的基石。他試圖透過語言政策和歷史書寫方面的激進改革，與鄂圖曼帝國的阿拉伯影響力切斷連結。他改變了土耳其語字母系統，使用羅馬字母，廢除阿拉伯字母。他制定一套明確的歐洲衣著新規範，並提出為新國家服務的文化動員宣言。他在清算鄂圖曼帝國的宗教機構同時，將家庭法世俗化並賦予婦女選舉權。

哈麗黛協助推翻了舊制度，在形塑取而代之的土耳其共和國體制時也深具影響力。雖然她同意凱末爾對新土耳其的大願景，但她仍感到憂慮。她同樣認為國家本質上就是個社會政治單位，但與凱末爾不同的是，她引用了伊斯蘭教義來說明她的觀點。她認為家庭是國家的核心，而家庭的核心則是女性。她寫道：

最原始的農業和工業是從母親開始的，好讓她的孩子吃飽穿暖。母親也創造了作為人類社會基本單位的家庭。其餘的一切都是從家庭演變而來的，因為大自然指定母親來創造家庭，也因為家族的集合體必然會發展成國家。大自然還賦予了女人兩個看似不相容的特徵：極端保守主義和極端革命主義，以及習俗、傳統和語言。思想和文學也是圍繞著家庭或家族集合演化積累而成的。[3]

一旦亞美尼亞人和希臘人社區從土耳其消失，土耳其宗教構成的穆斯林占比就從一戰前約百分之八十，轉變成一戰後的百分之九十八。即使土耳其的種族愈來愈單一，凱末爾提高「土耳其」民族意識的努力也付出代價，犧牲了更兼容並蓄的伊斯蘭身分認同。他認為，伊斯蘭教是土耳其西化和現代化的主要障礙之一。

哈麗黛則是採取更溫和的做法：她堅信，《古蘭經》是永恆真理的源泉，並在捍衛婦女權利時援引《古蘭經》。例如，提倡女性同工同酬時，她引用了《古蘭經》經文：「男人應從他們的行為中獲得報酬，女人也應從她們的行為中獲得報酬。」[4]哈麗黛寫道：

伊斯蘭的最高目標是社會公正，這個信仰不會將社會的一半人口棄之不顧……對現代世界而言，伊斯蘭教最重大的意義在於，它是第一個賦予婦女財產和經濟權利的制度，讓她們能夠從男人的監護下獨立出來。[5]

她為穿戴查爾沙夫（charshaf，即伊斯蘭頭巾和長罩衫）辯護，將這種服飾稱為社會融合的象徵。對她而言，穿戴頭巾所表達的既是人民的伊斯蘭信仰，同時也是國族情感。她指出：

《古蘭經》第二十四章三十一節要求女性應該要注意自己的衣著，命令女性戴上頭巾遮住頭部、胸部和飾品；但經文沒有命令女性遮住面容，更沒有要求她們把自己隔離起來，遠離社會活動。先知自己的妻子是歷史上最傑出的女性之一，擁有絕佳的社會聲望。在這段經文的命令中，我們可以看到兩個重點：第一，即使女性想要打扮漂亮，也應該衣著得體；第二點更加重要，女性被要求不要利用外表美貌和性特徵來從他人身上獲利。這正是現代女性主義或任何健康的社會所追求的目標。[6]

哈麗黛的丈夫和其他一些志同道合的知識分子在一九二四年組成了一個反對黨。但還不到一年的時間，政府就下令解散，聲稱這個黨派煽動宗教叛亂並密謀刺殺凱末爾。於是哈麗黛和丈夫於一九二六年離開了土耳其。

這對夫婦在歐洲、美國和印度度過了十多年時光。他們旅居海外時，土耳其正在經歷凱末爾領導的文化革命。阿德南博士遭受缺席審判，隨後獲判無罪。一年後，哈麗黛短暫造訪了伊斯坦堡。

在歐洲和美國期間，哈麗黛在政治上保持沉默，但在知識領域卻十分多產。在英國的四年時間裡（一九二四至一九二八年），她完成自己的回憶錄和幾部小說，並在土耳其日報上連載。一九二九至一九三九年間，她主要都住在巴黎，她的丈夫在那裡擔任東方語言文化學院（École des Langues Orientales Vivantes）的土耳其文講師。她在一九二九年造訪美國，在當地的各大學進行巡迴演講。一九三一至一九三二學年間，她在紐約哥倫比亞大學的女子學校巴納德學院（Barnard College）裡授課。一九三五年時，她去了印度一趟，在德里和其他城市的大學裡講學。在那裡，她有機會會見印度次大陸上民族主義的幾位傑出領袖，尤其是聖雄甘地。她寫道，印度「感覺比任何其他不是我故鄉的國家都更接近我的靈魂狀態。」[7]回到巴黎後，她完成更多部小說，包括她唯一的一本英文小說《小丑和他的女兒》（*The Clown and His Daughter*）。

一九三九年三月五日，哈麗黛和她的丈夫回到土耳其定居。他們的戰友、土耳其共和國之父凱末爾於一九三八年十一月十日離世，當時距離他入土已經過了四個月。不出幾個月時間，哈麗黛被任命為伊斯坦堡大學新成立的英國語文學系的系主任。在接下來的十年裡，她培養了一批年輕學子，並與他們共同翻譯了莎士比亞的《哈姆雷特》（一九四一年）、《皆大歡喜》（一九四三年）、《安東尼與克麗奧佩托拉》（一九四三年）和《科利奧蘭納斯》（一九四五年）。她還翻譯了喬治・歐威爾的《動物農莊》（一九五二年）。

她活躍投入教育、國家和婦女計畫，並積極參與政治。她在一九五〇至一九五四年擔任土耳其議會中代表伊茲密爾的議員後，於一九五四年一月從政治圈退隱。一九五五年七月和她共同生活三十八年的丈夫去世後不久，哈麗黛的健康狀況開始惡化。她在一九六四年一月九日於巴耶濟德（Bayezid）的家中去世。

哈麗黛的意識形態流動性[8]，幽微地改變了我們如何理解土耳其在痛苦的轉型時期裡的民族主義、性別關係和身分認同政治。就連這個多元民族的宗教帝國正在轉變成世俗民族國家時，哈麗黛仍以鄂圖曼人、青年土耳其黨人、穆斯林、女性和知識分子的身分寫作。她在現代性、伊斯蘭主義和西化等不相容的意識形態之間創造出交匯點。直到今天，哈麗黛・艾迪普・阿迪瓦爾仍然是她的世代最受歡迎的土耳其作家之一。

第十八章

以身殉國的情報員——努爾

生卒年約一九一四至一九四四年

努爾抵法後不到一週，蓋世太保便發動襲擊，一舉摧毀她工作的情報網絡。該網絡的領袖、他手下的六名無線電操作員和其他數十名抵抗組織成員，在六月二十四日之後的幾天內失蹤了。……她現在是巴黎抵抗組織僅存的一位臥底無線電操作員。

努爾・伊納雅特・汗（Noor Inayat Khan）出身印度和美國混血的穆斯林家庭，她在俄羅斯出生、英國長大、法國成年、德國去世，早在「身分認同政治」風行前，她便已能駕馭錯綜複雜的身分。她最著名的事蹟，是在第二次世界大戰期間擔任同盟國間諜的勇敢行動。

努爾的父母是在舊金山相遇的。一九一二年，她的父親伊納雅特・汗（一八八二至一九二七年）自印度訪問美國，帶領一個蘇非音樂家團體在舊金山的哥倫比亞劇院（Columbia Theater）演出。在一次大戰爆發前，歐洲和美國的前衛藝術派十分喜愛富有異國情調的東方藝術，包括繪畫、音樂和舞蹈。伊納雅特和他的音樂家夥伴屬於奇什提蘇非道團（Chishti Sufi Order），那是個大型宗教組織，數世紀以來，提倡將信仰音樂當作體驗神性臨在的一種方式，特別是被稱為「卡瓦利」（qawwal）的音樂形式。伊納雅特來自一個虔誠的穆斯林家庭，世世代代都是受北印度古典音樂訓練的音樂家。他既能演唱民俗曲調，也能唱古典的拉格曲調（ragas），還會演奏維納琴（veena，一種大型的弦樂器）。奧拉・雷・貝克（Ora Ray Baker，一八九二至一九四九年）是名基督徒出身的女子，在某次伊納雅特的演出中，她發現自己被這名身穿閃亮襯衫的深膚色男子所吸引，他蓄著莊重的鬍子，有對熱切的黑眸、齊肩的波浪捲髮，最重要的是，他身上散發一股不可估量的魅力。奧拉和伊納雅特面臨女方家庭反對她嫁給「一個棕膚外國人」，因此私奔倫敦，並在那裡結了婚。這對新婚燕爾的夫妻為了共同的性靈追求來到聖彼得堡（St. Petersburg），他們的第一個孩子於一九一四年一月一日在那裡出生。他們為她取名為努爾尼薩（Noorunnissa），意思是「婦女之光」，這也是三世紀之前蒙兀兒王朝的女王努爾賈汗的稱號。對朋友和其他人來說，努爾尼薩就簡稱為努爾，但在家裡他們暱稱她為「芭布利」（Babuli），意思是爸爸的小女兒。

一九一四年夏天，第一次世界大戰意外爆發迫使他們全家離開了俄羅斯。當時，印度是英國的殖民地，所以一名王室臣民和他的美國妻子可以輕鬆在英國定居。伊納雅特夫婦在倫敦安頓下來，並在菁英階層的布倫斯博理區（Bloomsbury）租屋。他們又生下了三個孩子，分別是兩個兒子維拉亞特（Vilayat）和希達亞特（Hidayat），還有一個女兒海勒尼薩（Khayrunnissa）。當時有好幾位傑出人士都住在這個街區，其中包括經濟學家凱因斯（John Maynard Keynes，一八八三至一九四六年）、作家吳爾芙（Virginia Woolf，一八八二至一九四一年），以及所謂布倫斯博理文團（Bloomsbury group）的其他成員。雖然努爾的家人與他們住得近在咫尺，但卻生活在一個完全不同的世界。

努爾和她的兄弟姐妹仍太過年幼而懵懵懂懂，但他們的父親感受到一戰後的倫敦變得太過蠻橫傲慢。英國政府對其阿拉伯、非洲和印度臣民抱有疑慮，尤其是對那些來到英國生活的民眾。一九一九年四月，局勢變得更加緊張，當時在印度北部城市阿姆利則（Amritsar）發生了一場大屠殺，英國軍隊殺害了數百名、甚至可能超過一千名手無寸鐵的錫克教、穆斯林和印度教男性、婦女和兒童，並導致數千人受傷。對於印度獨立運動的幾位領袖來說，尤其是聖雄甘地（Mahatma Gandhi），這場屠殺是個重要的分水嶺。甘地訪問倫敦時，曾親自邀請伊納雅特加入運動，但他拒絕了。我們至今仍不清楚伊納雅特參與政治的方式和程度，但他對運動是同情的。我們目前也無法確知他是否曾為了支持這場運動協助募資。然而，他因為曾經與一個名為伊斯蘭協會（Anjuman Islam）、行事可疑的慈善機構短暫聯繫，而引起英國警方莫須有的關注。他的蘇非主義實踐和教導吸引到愈來愈多崇拜他的追隨者，在家人以及這些仰慕者的鼓勵下，他決心去法國追求他的使命。

在一九二〇年左右，努爾的家人跨越英吉利海峽，尋找對他們更友善的生活環境。在一戰後的幾年裡，許多歐洲知識分子都在他們信仰內尋找意義和新方向。其中有些人呼籲眾人關注蘇非主義伊斯蘭教和印度教傳統的神祕教義。在這種呼籲的影響下，伊納雅特成立了西方蘇非道團（Sufi Order of the West）。一如印度的許多蘇非道團淵源可以追溯到努爾賈汗的岳父——蒙兀兒皇帝阿克巴的時代，伊納雅特也融合了伊斯蘭教和印度教傳統的元素。他欣然接受所有的性靈追求者，不僅有穆斯林、基督徒和猶太教徒，還有印度教徒、佛教徒、耆那教徒、錫克教徒、諾斯底主義者（Gnostics）教徒等，認為他們都是在同一條神性照耀之道上的旅人。新加入他蘇非道團的成員被稱為門徒（mureed），他們試圖調適現代生活的匆忙步調，與密契主義者的永恆智慧相融。他們稱伊納雅特為哈茲拉特（Hazrat），意思是「閣下」或「受尊敬者」。

伊納雅特的家人定居在巴黎郊區蘇雷納（Suresnes），那裡的一名門徒餽贈給他一座大宅，他稱之為「祝福之家」（Fazal Manzil）。努爾和她的弟妹就在祝福之家裡長大。她父親的門徒會來訪向他致敬，不僅有人從法國而來，還有門徒是來自荷蘭、德國和瑞士。努爾和弟妹沉浸在具有性靈意識的父母的風采中，聽母親講故事和朗誦詩歌，其中有些是她母親自己創作的。孩子們叫她「阿媽」（Amma）；他們的父親和他的門徒則稱她為「阿米娜．貝貢」（Ameena Begum），意思是「虔誠的女士」。

在家中，伊納雅特夫婦說英語，並混雜丈夫的母語古吉拉特語（Gujarati）。祝福之家主要使用的語言是音樂。伊納雅特透過唱奏歌曲和旋律來構築和傳達他的性靈訊息。他的孩子都叫他「阿爸」（Abba），教導努爾和她的弟弟品味音樂的和諧，他認為音樂的和諧是神性的體現、自我覺察與自我表達的路徑，也是讓自我適應神創造的美麗、平衡和真理的一種方式。努爾的生活充滿了父親的音樂和訊息。

伊納雅特深深影響了他周遭人的生活，尤其是身兼他的愛女和忠實的門徒努爾。他在四十五歲時逝世，讓努爾的內心空缺了一塊。當時他已經離家幾個月，在近二十年內第一次回到自己的家鄉印度，並意外在當地去世。他的妻子因悲痛而病倒了，十三歲的努爾不得不承擔起更多的家庭責任。

幾個月後，在一九二七年的五月和六月，努爾和她的弟弟們在母親的陪同下走訪父親的祖屋。她母親希望能挽回子女的繼承權，但卻遭逢阻礙，旅程中斷，伊納雅特可能在生前就為努爾安排的婚事也不幸告吹。

努爾的這趟印度行有個最重要的部分，那就是朝聖了阿傑梅鎮（Ajmer）和莫伊努丁・奇什提（Moinuddin Chishti，約一一四一至一二三六年）的陵墓，或稱達迦（dargah，即「祠堂」）。莫伊努丁・奇什提是她父親所屬的奇什提蘇非道團的重要人物，他也是藉由這個道團才認識了自己的老師。自奇什提的時代起，印度蘇非主義就接受並強調，不分地位、信仰或膚色，都應為真主所創造的生命服務的精神，並視之為性靈昇華的主要途徑。在接近神性的方式中，相較於奉獻自己為全人類服務，正式的教規和儀式反而是次要的手段。時至今日，數十萬、甚至數百萬的朝聖者，包括穆斯林和非穆斯林，都會來到奇什提的陵墓致敬。他們在救濟窮人或一同用餐時，會緬懷這位被稱為「加里布尼瓦茲」（Gharib-newaz）的偉大蘇非行者，這個稱號的意思是「陌生人的援助者」。當年，令人敬畏的阿克巴皇帝在在位期間曾到阿傑梅爾朝聖多達十四次，足以顯示他對奇什提的崇敬。

努爾已經內化了這種蘇非主義的服務精神。當時是個青年的她承擔了祝福之家管理責任。她照看她的弟妹，並照顧他們日益虛弱的母親。與此同時，她在離家半小時路程的聖克盧（Saint-Cloud）的女子中學（Lycée de Jeunes Filles）就讀高中。她展現出學習語言的本領，除了法語和英語外，她還會說德語和西班牙語。努爾喜愛文學，也會寫詩。以下是幾行獻給她母親的詩：

親愛的！啊！親愛的阿媽，
妳是深藏我們心底的珍寶，
是我們感恩的花朵，
看哪！它們的花瓣
是以真主的天國之藝雕琢而成。[1]

一九三一年，努爾開始在巴黎師範音樂學院（École Normale de Musique）就讀，學習演奏樂器、歌唱和音樂理論。她在家中已經彈過維納琴、豎琴和鋼琴，正式的音樂訓練讓她能夠擴展她的演奏曲目並磨練技能。一年後，她參加了索邦大學（Sorbonne University）的兒童心理學課程。她在這兩個領域都大有進展。雖然在祝福之家的訪客眼中，她是個安靜、甚至是離群索居的年輕女子，但努爾在風格和舉止上逐漸變得更有表現力——或可稱之為她的巴黎風尚（chic）。

與多數印度國內外的蘇非道團不同，西方蘇非道團重視密契主義的養成，強調在日常生活中落實性靈精神，而非苦修主義。祝福之家收藏了一些珍貴的藝術品，尤其是原始畫作。對努爾的家人來說，穿著精美的服飾和富有格調的旅行格外重要。一九三三年夏天，她和她的弟弟維拉亞特走訪時髦的法國南部，後來又一起到西班牙、義大利和瑞士旅行。身為年輕女性的努爾接到她的一個叔叔和她已故父親的兩名門徒的邀請，造訪荷蘭海牙（Hague），舉辦獨奏會和鋼琴課。她的家族認為能嫁到好人家是很重要的事情，因此當她與巴黎的一名同學建立起認真的友誼，她的親戚開始勸阻她。這名同學雖然是西方蘇非道團的入門者，但只是個來自土耳其的猶太移民。

努爾繼續為兒童創作詩歌和故事。一九三八年，她為法國歷史最悠久的報紙《費加洛報》（*Le Figaro*）週日的兒童版寫稿。為了回應對她作品的好評，巴黎廣播電台（Radio Paris）的《兒童時間》（*Children's Hour*）節目介紹了她的一些異想天開的故事。在過二十五歲生日之前，努爾出版了她精選的佛教寓言集《二十則本生故事》（*Twenty Jataka Tales*）的英文譯本，並附上一位蘇非主義荷蘭貴族兼她家族友人所繪製的插圖。她曾考慮出版一份兒童報紙。可是後來世界和她的生活就此改變。

第二次世界大戰開打後，努爾和她的妹妹海勒自願加入法國婦女聯盟（Union des Femmes de

France），即法國紅十字會。當時有一半以上的巴黎人口都離開了巴黎；努爾亦然，在她的一個弟弟和母親的陪同下前往英國。她的另一個弟弟加入了法國抵抗運動（French Resistance）。在他們離開後的六個星期內，即一九四〇年春天，法國軍隊投降，讓巴黎淪為納粹占領者和抵抗組織之間的戰場。

納粹的種族主義與努爾的父親灌輸給她的普世統一與和諧的原則背道而馳。她渴望為更大的理想服務，因此在英國致力投入戰爭。她於一九四〇年十一月加入英國空軍的婦女空軍後援隊（Women's Auxiliary Air Force），並在幾個月內接受無線電操作員和電報員的培訓，學習摩斯密碼和操作技術。努爾的入伍紀錄登記的名字是諾拉（Nora），宗教信仰是英國國教會的基督徒。[2]這是辦事員的疏忽筆誤嗎？根據一位傳記作者沙拉巴尼．巴素（Shrabani Basu）的說法，「努爾並不想顯現出異國特質……她從未向她的同事談及她的父親、她的世系或蘇非信仰……努爾必須重新塑造自己的身分。」[3]但她仍然與她的弟妹保持密切關係，並深愛她的母親。

在巨大的壓力下，英國戰時首相邱吉爾（一八七四至一九六五年）不惜一切代價，苦苦對抗德國的攻勢。一九四〇年七月，在巴黎淪陷後不到一個月，邱吉爾便監督啟用特別行動執行處（Special Operations Executive），這是個祕密組織，其專門任務是「讓歐洲燒起烈火」、破壞活動，並與反納粹的抵抗組織合作。

努爾引起了特別行動執行處的注意。她具備無線電操作員的技能，加上她「有趣的語言能力可能對行動目的來說有利用價值」[4]，雖然她一脈相傳同情印度獨立運動，但她擁有的這些條件勝過她的背景所帶來的疑慮。一九四三年二月，她正式開始接受特別行動執行處的特別培訓。有位和她一起受訓的同學形容：「她非常安靜，也非常害羞，經常露出緊張的微笑。」她說的英語帶有一絲難以辨別的口音。在幾週內，這位新來報到、一頭棕髮、淡褐色眼睛、嗓音高亢甜美但微弱的年輕女性，便從特別行動執行處消失得無影無蹤。

六月十六日晚上，一架單引擎的萊桑德飛機（Lizzie plane）將努爾送抵法國國土。她的祕密任務是用無線電串連巴黎當地的抵抗組織網絡和英國陸軍部（British War Office）。她冒充成一個名叫珍—瑪莉・勒尼耶（Jeanne-Marie Renier）的保母，每天出現在凡爾賽（Versailles）北方、巴黎西南郊區的一所大學校園裡執行祕密工作。她傳遞重要資訊，並在訊息上署名瑪德琳（Madeleine），這是她創作的兒童故事中一個角色的名字。

努爾抵法後不到一週，蓋世太保便發動襲擊，一舉摧毀她工作的情報網絡。該網絡的領袖、他手下的六名無線電操作員和其他數十名抵抗組織成員，在六月二十四日之後的幾天內失蹤了。瑪德琳／努爾逃亡。她現在是巴黎抵抗組織僅存的一位臥底無線電操作員。

她存活了一百一十九天，比一般特別行動執行處和法國抵抗組織的無線電操作員多出三倍。

儘管處境危險，她依然讓聯繫英國的電報保持暢通，發送被俘人員的姓名，安排武器空投，協調幫助被擊落的飛行員逃生。與此同時，納粹的祕密警察和軍事情報單位——蓋世太保和阿勃維爾（Abwehr）獲知她的代號和概況。他們到處尋找她的蹤跡。努爾步行或騎著腳踏車在巴黎各個街區活動，執行任務時萬分謹慎。每次，她都必須安裝好無線電，拉好長長的天線線路，傳送訊息，然後在被監視車輛或許多當地線人注意到前收拾乾淨。所有這一切都在二十分鐘內完成。她在進行祕密活動時採用的偽裝對她來說輕而易舉，她打扮成一個時髦的巴黎女子。

有次，她來到她曾經居住過的街區蘇雷納，希望在那裡找到她可以信任的人。這是個危險的決定，但她還是去向一名以前的鄰居求助。看到外國人占據了她兒時的家——祝福之家，令她心痛。最終，背叛努爾的不是這位鄰居，而是一位抵抗組織成員的妹妹。一九四三年十月十三日，納粹特工衝進她的公寓，逮捕了她。

士兵們將努爾拖到位於福煦大道（Avenue Foch）八十四號的德國反間諜總部，她在那裡接受長達數日的審訊，接著又蒙受數週的酷刑。由於未能擊垮她，她在一九四三年十一月二十六日被送往德國。在距離法國邊境六十英里的普福爾茨海姆（Pforzheim）待了幾個月後，他們把戴著鐐銬的她移送到達豪（Dachau）集中營。在那裡，成千上萬的猶太人、異議分子、抵抗組織成員等人，都在等待著第三帝國（Third Reich）委婉稱呼的「夜晚與霧」（Nacht und Nebel）。一九四四年九月十三日，努爾遭槍決身亡。這天距離她的三十一歲生日還差四個月。

努爾在死後獲頒「英國喬治十字勳章」（Britain's George Cross），那是種高級平民勳章，用來表揚在極端危險的情況下展現出最偉大的英雄精神和最突出的勇氣的人物。一九四九年，她的嘉獎令中寫道：

> 儘管有機會返回英國，但她拒絕放棄這個在法國已經是最重要也最危險的崗位，因為她不願讓她的法國戰友們失去通訊聯繫。

法國人授予努爾軍事勳章「十字勳章」（Croix de Guerre），並將蘇雷納的一座廣場命名為瑪德琳廣場（Cours Madeleine）。每年七月十四日的法國國慶日，在她曾經的住處祝福之家外，都會有支樂隊為她演奏。在格里尼翁（Grignon）的農業學校和達豪，都各有一面紀念她的銘碑，前者是她最初發送抵抗運動無線電訊息的地點，後者則是她的喪生地。自二〇一二年起，倫敦的戈登廣場（Gordon Square）設置了她的半身像，這裡距離她孩提時跑跳玩耍、少女時坐在長椅上看書的地方不遠。二〇一八年，有人發起了一場運動，訴求要將她的頭像印刷在英鎊紙鈔上。

努爾的人生故事能夠與我們這個時代的關切和敏感問題產生共鳴，今日有數百萬穆斯林和其他族群仍在爭取他們在「西方」的地位，無論是初來乍到者，或是落腳已久的居民。今天，生活在英國的近三百萬穆斯林、北美的四百萬穆斯林，以及歐洲和大洋洲的四千萬穆斯林也必須在艱難的處境中奮勇前行。

第十九章

埃及的歌姬——庫勒蘇姆

生卒年約一九〇四至一九七五年

她一開口歌唱，全世界都與她唱和。無論聽眾住在何地，或她在哪裡演唱，即使是那些幾乎無法理解她歌詞意涵的人，也會激動地回應她的表演。她的歌聲凝聚了團結的力量。……蘇丹人將她譬為「阿拉伯人的團結紐帶」，而她的聲音就是武器。

一九六七年，阿拉伯和以色列軍隊之間的六日戰爭重塑了中東地區。這場戰爭造成兩萬人傷亡，其中多數是埃及人。埃及歌手烏姆．庫勒蘇姆（Umm Kulthum）在那個集體受創、悲痛欲絕、絕望無助的時刻，帶給她的人民平靜、撫慰與勇氣。

一九六七年六月五日上午，以色列轟炸機襲擊埃及、敘利亞、約旦和伊拉克的機場。到了六月十日，以色列軍隊已經奪取了四個阿拉伯國家的土地：約旦的西岸地區（West Bank）和耶路撒冷、敘利亞的戈蘭高地（Golan Heights）、埃及的西奈半島（Sinai Peninsula）和加薩走廊（Gaza Strip），以及沙烏地阿拉伯在紅海的蒂朗島（Tiran Island）。以色列新占領的領土總面積，比最初猶太國家願景設想的面積大了三倍。如此改變的規模和速度是從一九八四年，以色列立國並引發阿以衝突以來的二十年裡前所未見的。不僅是在埃及和直接涉入戰爭的阿拉伯國家，甚至對全世界的穆斯林來說，人命、榮譽和領土的損失都令許多人悲痛不已。

早在六日戰爭爆發之前，庫勒蘇姆便已經是埃及的寵兒。幾十年來，她的歌聲和歌曲早已成為埃及生活場景的一部分。在一九六七年後，她成為國際性的偶像。

庫勒蘇姆出生在開羅以北一百二十公里的一座貧窮村莊。當時埃及並沒有統一發給官方的出生證明，在農村地區尤其如此，因此有人認為她的出生年分是一八九八年，也有人認為是一九〇四年。她的父親易卜拉欣是名農民。村民都十分敬重他，認為他虔誠又勤勞，有時會請他擔任他們的領拜人（imam），帶領眾人每日的禮拜。像許多農民一樣，易卜拉欣還從事其他工作。他會在婚禮和宗教集會上朗誦詩歌和演唱歌曲，特別是在慶祝先知穆罕默德生日和兩個最盛大的節日（eids），分別是齋月結束時的開齋節和朝聖季結束時的宰牲節。因此，他經常離開自己的村莊，主要是步行或乘坐三等火車，造訪尼羅河三角洲東部的城鎮和村莊。易卜拉欣經常帶著他的小女兒庫勒蘇姆同行，把她打扮成男孩上台演唱。

第一次世界大戰結束後，開羅迅速成為最大的阿拉伯城市。它吸納了一波接一波的農民移民，進城尋求更好的生活，庫勒蘇姆的家人也不例外，在她即將年滿二十時移居開羅。他們都是為了工作、金錢和這座城市所能提供的所有其他機會而來。埃及首都開羅也是阿拉伯語文世界的文化中心。在城中熙攘的劇院區，有歐式的咖啡館、餐館、露天音樂廳和一間歌劇院。富裕的家庭會邀請藝術家，在他們位於開羅南部尼羅河東岸的花園城市（Garden City）街區的豪宅裡表演。

庫勒蘇姆在富裕女性的聚會上覓得演唱的機會。她鏗鏘有力的嗓音、清晰的咬字、傳達深刻涵義的能力，再加上她擅長演唱各式各樣的宗教和其他流行歌曲，讓她總是炙手可熱。一個機會帶來另一個機會，她後來找到一名贊助人，而贊助人則找到一部留聲機；不久，在她父親的批准下，這名年輕的歌手踏入利潤豐厚的商業音樂界。到了一九二八年，她已經成為明星。在一九三〇和四〇年代，她的藝術影響力不斷增加。在她的職業生涯中，她錄製了三百張唱片，並在六部電影中演出。

一九五二年，埃及取得了阿拉伯世界的政治領導地位。在富有領袖魅力的納瑟（Gamal Abdel Nasser，一九一八至一九七〇年）的指揮下，埃及的青年軍官革命（Young Offi cers Revolution）開創了一個活力樂觀的新時代。庫勒蘇姆和眾人一樣，滿懷熱情想創造一個更美好的埃及，她為革命貢獻自己的才華，演唱愛國歌曲，來提升民族精神。納瑟封她為埃及之聲。

眼看納瑟的聲望不斷上升，英國和法國都感到擔憂，美國某種程度上也是如此。在冷戰的背景下，西方和共產主義集團之間的緊張局勢不斷升級，他們自覺必須有所作為。首先，他們認為有必要遏制整個阿拉伯世界和其他地區對納瑟將軍的熱情響應。英國、法國和以色列組成聯盟，於一九五六年入侵埃及。納瑟為了表現他堅持把埃及的利益放在首位，宣布蘇伊士運河是屬於埃及人民的，藉此否定了法國和英國聲稱擁有這條連接地中海和紅海的運河的歷史主張。他的聲望急劇升高，因此更有信心繼續前進。他採取社會主義措施，推動現代化改革，呼籲所有阿拉伯國家在泛阿拉伯主義（Pan-Arabism）和阿拉伯民族主義的大旗下團結起來。當他的崇拜者相繼在幾個阿拉伯國家中獲得權力，納瑟與阿拉伯社會主義復興黨（Arab Socialist Ba’ath Party）和敘利亞共產黨（Syrian Communist Party）結盟，這一聯盟最終組成了阿拉伯聯合共和國（United Arab

Republic），讓埃及和敘利亞合併成使用同一面國旗的國家。在二十世紀下半葉，阿拉伯民族主義形塑了伊斯蘭世界的歷史，其深遠的影響力幾乎再怎麼誇大都不為過。

在阿拉伯民族主義熱潮的顛峰，庫勒蘇姆展現出阿拉伯人的尊嚴與真實。她嫻熟地演唱古典阿拉伯詩歌，嗓音耐久有勁，咬字無懈可擊，一直保持著無人能敵的地位。此外，她還藉由演唱當時年輕的知識分子詩人創作的歌詞，來吸引年輕一代聽眾的注意。納瑟認為庫勒蘇姆是泛阿拉伯主義的文化象徵，並將她的一首歌曲訂為阿拉伯聯合共和國的國歌：

以真主盟誓，時隔已久，
我們的軍隊如雷霆般進發，
承諾永不回頭，
直到雷鳴般的勝利。

嗚呼！我們的榮光，
我們以辛勞與苦痛
將妳打造。

絕不要讓奮鬥付諸東流。

自由埃及由誰守護？
我們將用我們的武器守護她。
革命之地，誰將為她而犧牲？
我們將用我們的靈魂為她犧牲。

人民如光一般前行。
人民如山海般挺立，
憤怒的火山，噴發的火山，
地震將敵人掃入他們的亡墳。[1]

接著是一九六七年的六日戰爭。以色列決心要粉碎阿拉伯民族主義的革命精神。在埃及恥辱地戰敗後，納瑟利用他的國家在錄音、廣播和電影產業的主導地位，發起了一場媒體運動，以重振這樣的精神。在中東和北非廣泛傳播埃及的文化產品，成為了埃及民族主義政策和國家的當務之急。

庫勒蘇姆如今在國家舞台上又有了新的角色。這位六十三歲的歌壇天后舉辦了一場又一場的演唱會，組織和參與募捐活動，重新燃起人們的希望。她活動的強度、多樣性與至誠至篤的態度勝過其他名人。當大多數藝術家一次象徵性地捐款二十埃及里拉，她卻捐出兩萬里拉。她總是毫無保留。六日戰爭結束後的幾星期內，她錄製了一套愛國歌曲曲目，以提振公眾的士氣。她在全國性的婦女集會上發言，而她的堅持也促成了埃及婦女全國大會（National Assembly of Egyptian Women）成立。這個組織就像防護傘一樣，致力於解決家庭在經濟和情感方面的迫切需求。[2]自一九六七年八月起，她開始在開羅以外的地方舉辦演唱會，讓其他小城和村莊的民眾能夠看到和聽到她的表演。她在體育場、展覽館和大型露天帳篷裡進行戶外演出，每場演唱會都能吸引多達一萬兩千人參加。男人、女人和孩童都前來聆聽，參與這個全國性的團結儀式。許多人會捐出具有金錢和情感價值的個人物品，如結婚戒指、小飾品、珠寶和金塊。有次，有個小孩子帶來了一把泥土，這把泥土拍賣出三千里拉，大約相當於七千美元。

庫勒蘇姆也在世界各地巡迴演出，吸引人們關注她母國的困境，並將收益捐獻出來，幫助六日戰爭的受害者。她在巴黎奧林匹亞劇院（Olympia Theatre）的那場演出被法國媒體稱為「一次阿拉伯政治藝術集會」。她不僅吸引到離鄉背井的阿拉伯人社群，也吸引到歐洲人的目光。一位在巴黎的男子告訴她，她讓他感覺與他的阿拉伯兄弟團結一心，特別是巴勒斯坦人。在不到六個月的時間裡，她又在摩洛哥、科威特、突尼西亞和黎巴嫩開演唱會。電台廣播讓她的演唱會跨越國界，傳遍中東、北非和其他地區。回到埃及後，報紙報導她如何與一個貧困家庭共度開齋節，又與突尼西亞的王后一起慶祝先知的生日（聖紀節）。她就像是位民間大使。突尼西亞的一位聽眾忍不住感動掉淚並說：「她浪漫的話語讓我想起了我們祖國與殖民主義的悲劇，以及我個人與殖民主義的悲劇。」她總是說著：

> 我是個愛國的女人，我愛我的國家。我已經準備好為我國的自由做出任何犧牲——自由是所有埃及人的關切所在。

以下是她最著名的歌曲之一〈廢墟〉（Atlal）的幾句歌詞：

> 給我自由，放開我的雙手
> 確實，我已將你的自由交給了你，並未試圖保留任何東西。
> 啊！你的鎖鏈使我的手腕鮮血淋漓

我沒有向鎖鏈低頭，鎖鏈也不曾放過我，
為何我要履行你未曾兌現的承諾？

庫勒蘇姆希望能「面對面向每個歐洲人說，他們給以色列的每一生丁（centime）、每一便士或每一分錢，都變成了殺死阿拉伯人的子彈。」

她一開口歌唱，全世界都與她唱和。無論聽眾住在何地，或她在哪裡演唱，即使是那些幾乎無法理解她歌詞意涵的人，也會激動地回應她的表演。她的歌聲凝聚了團結的力量。她把來自黎巴嫩、蘇丹和阿拉伯聯合大公國的詩人作品化作歌詞，甚至將歐馬爾・哈亞姆（Omar Khayyam）的詩句從波斯文翻譯成阿拉伯文，藉此喚起並強調阿拉伯文化團結的理念。透過她的歌曲，她把科威特的交通警察和巴黎的阿爾及利亞移民、約旦的貝都因人和利比亞的蘇非行者串連在一起，也將所有這些人和埃及人民連結起來。蘇丹人將她譽為「阿拉伯人的團結紐帶」，而她的聲音就是武器。

納瑟政府在國內外都支持庫勒蘇姆，將她的成就視為實現泛阿拉伯主義和阿拉伯民族主義理想的一場「民間交流」運動來投資她。國家利用她的演唱會，來表明埃及在面對六日戰爭的影響時並非孤立無援。阿拉伯世界必須團結起來，準備打一場持久戰。庫勒蘇姆被譽為「戰鬥中的國民藝術家」[3]，獲頒國家獎，甚至還拿到一本外交護照。她的巡演就像是國家級的訪問。作為回報，她為重建軍隊貢獻了相當於兩百萬美元的資金，並撫慰戰爭造成的心理傷害。

批評者納悶，為什麼像她這樣的名人在國內從不向掌權者說真話。她似乎從未鼓勵她在埃及的聽眾去挑戰統治他們的現有軍事、政治和社會制度。有些激進的政府批評者抗議，她「令人陶醉」的表演轉移了公眾對國內緊迫的社會和政治問題的注意力。

庫勒蘇姆繼續她的巡演，訪問蘇丹、利比亞和約旦。後來，在回顧她的募款之旅時，她說：「這些演出的目的是明確鼓勵所有阿拉伯人攜手合作，並將這種精神轉化為具體的作為。我想證明我們（阿拉伯人）對以色列的看法是一致的，而我們（阿拉伯人）在面對軍事侵略時的態度也是一致的。」她一九六九年於利比亞的的黎波里和班加西（Benghazi）演出時，將門票收入捐給了巴勒斯坦解放組織（Palestinian Liberation Organization）：她總共募得十五萬英鎊（三十四點五萬美元）。她周圍的牆壁上貼著海報，上面寫著：「我們寧死也不願接受和平的解決方案。」就連她的一首新歌歌名也充分說明她的立場：〈暴風雨〉（The Tempest）也是巴解組織武裝派別的名稱。確實，她曾說：「堅定的阿拉伯藝術是革命的武器之一。」也曾說：「在巴勒斯坦武裝革命的烈焰中，一個新的阿拉伯民族於焉誕生。」她表達了當時阿拉伯人的心情，公開談論解放被占領的土地，而且特別提及巴勒斯坦，並將自由鬥士的行動描述為「恢復阿拉伯巴勒斯坦的模範途徑」。

在訪問突尼西亞期間，庫勒蘇姆在歷史悠久的宰敦納清真寺（mosque al-Zaytunah）禮拜，身穿著一件傳統的帶帽長斗篷（burnus）。這次訪問的曝光與其時間點同樣重要。在六日戰爭爆發一週年之際，突尼西亞第一夫人與這位代表性的藝術家一起誦讀《古蘭經》，演唱宗教歌曲並禮拜祈禱，紀念一年前被殺害的烈士。

庫勒蘇姆的政治和藝術遺產是相輔相成的。她於一九七五年去世時，估計有四百萬名哀悼者前來參加她的葬禮，並陪同將她的遺體送往埋葬地點。開羅街頭的一名男子被問及她在埃及社會的地位時大聲表示：「你是說庫勒蘇姆嗎？她當然就像金字塔一樣！」[4]

第二十章

建築界的女王——哈迪德

一九五〇至二〇一六年

哈迪德在一九八二年獲得建築設計金獎，開了個好頭。接著在一九八八年，紐約的現代藝術博物館展出了她的作品，讓她的名氣直線上升。此後，她幾乎橫掃所有可能的獎項。最值得一提的是，她在二〇〇四年榮獲普立茲克建築獎，這是建築界最負盛名的獎項，公認與諾貝爾獎齊名。她是第一位獲得該獎項的女性……

著名建築師札哈．哈迪德（Zaha Hadid）在接受《衛報》的採訪時抱怨：「你絕對無法相信我僅僅因為是個阿拉伯人所面臨的巨大阻力，更何況我還是個女人。這就像是兩面刃。當我的女性身分被接受的那一刻，阿拉伯身分似乎又成了問題。」[1]

哈迪德在她富有令人羨慕的創造力且極度多產的生涯中，重新定義了二十一世紀的建築。這位在伊拉克出生的歸化英國公民巧妙地處理性別和族群身分的兩面刃，突破障礙，贏得建築界幾乎所有的著名獎項。從倫敦到上海，從巴庫（Baku）到維也納，從首爾到紐約，她在全球主要城市的天際線都實際留下了自己的印記。

哈迪德於一九五〇年十月三十一日出生在巴格達，她是歐洲和北美第一代穆斯林移民帶來社會動力和傑出成就的例證。她的父親穆罕默德．哈迪德（Muhammad Hadid，一九〇七至一九九九年）替她取名為札哈，意思是「豔麗的」和「耀眼的」。在阿拉伯語中，這既不經典，也不是常見的女孩名。她沒有辜負這個名字的潛力，事實上，她甚至超越了這個名字的涵義。

年輕時，穆罕默德．哈迪德來到巴格達以北四百公里的摩蘇爾（Mosul），那是底格里斯河西岸的伊拉克城鎮。他想變得有錢有勢。他為自己選擇的姓氏「哈迪德」和他後來替長子取的名字「福拉德」（Foulad）都是「鋼」或「鐵」的意思，表現出他想出人頭地的堅定決心。與摩蘇爾一個富裕權勢家庭的女兒瓦吉哈．薩布尼（Wajiha al-Sabuni）結婚，有助於他實現這兩個人生目標。

鄂圖曼帝國在第一次世界大戰中戰敗，一九一八年，英國軍隊占領了前鄂圖曼帝國的伊拉克省和外圍的一些領土，摩蘇爾也包括在內。英國人處置伊拉克的做法和對巴勒斯坦一樣，將伊拉克列為託管，這意味著英國人聲稱有權統治這塊土地，但沒有所有權。摩蘇爾擁有豐富的油田，英國的當務之急是讓其競爭對手遠離這些油田，特別是土耳其人。然而，當地爆發了大規模抗議，反對非穆斯林的宗主國。英國王室妥協將伊拉克的宗主權讓予一個親密的穆斯林盟友——哈希米（**Hashemite**）王室。哈希米氏族是以先知穆罕默德的祖先哈希米為名，因為是先知女兒法蒂瑪和她的長子哈桑的後代而受尊為先知後裔。數世紀以來，該氏族都是麥加和麥地那兩座聖城的管理人。哈希米氏族的領袖是阿里之子埃米爾胡笙（**Emir Hussein**，約一八五三至一九三一年），他曾在一九一六年帶頭反抗鄂圖曼政權。他拒絕了犧牲蘇丹—哈里發制度而獲得權力的青年土耳其黨人所提出的綱領，選擇仰賴英國人支持阿拉伯人獨立的承諾。後來，英國人幫助埃米爾胡笙的孫子、伊拉克國王費薩爾（**King Faisal**，一九二一至一九三三年在位）登上伊拉克託管地的王位，當時那裡開始被稱為英國託管的伊拉克王國（**The Kingdom of Iraq under British Administration**）。

早在札哈出生之前，她的父親就帶著整家人移居巴格達。憑藉妻子瓦吉哈．薩布尼的家族人脈，和他自己的進取決心，穆罕默德・哈迪德和當地的內部權力圈子走得愈來愈近。二十五歲時，他協助創立伊拉克的國家民主黨（National Democratic Party），將一群意識形態左傾的自由派年輕人聚集起來。當費薩爾國王在一九三二年宣布英國託管結束，並主張獨立主權，在將伊拉克建設成現代民族國家的過程中，這群人的影響力達到高峰。穆罕默德・哈迪德這位政治領袖在財政部不斷晉升，曾代表摩蘇爾擔任伊拉克議會的民選議員，並擔任其他高級官職。

第二次世界大戰期間，英國軍隊重新占領了伊拉克，取用該國的設施毫無節制，但實際上仍讓費薩爾國王掌控伊拉克政府的運作。因此，巴格達仍然是個繁榮的小城市，居民大約五十萬人，階級區分嚴明。哈迪德家族屬於上層階級，札哈所處的世界距離多數的伊拉克人十分遙遠，身邊都是伊拉克國家民主黨的領導成員。她後來回憶起她成長的背景：「變革、解放、自由和社會改革的思想對我非常重要。」[2]她在六歲時就發現對建築的熱愛在她的內心鼓動著。她後來回想，她看見姑姑計畫在摩蘇爾建造的房子的圖紙和模型時，「觸發了我內心的某些東西。」[3]

危機發生時，札哈還不到八歲。伊拉克哈希米王國於一九五八年解體。這個統治王朝因貧富差距而垮台。在阿布杜—卡里姆・卡西姆（Abd-Al-Karim Qasim，一九一四至一九六三年）准將的領導下，民族主義軍官在後來所謂的「七月十四日革命」中奪權。暴民衝進王宮，屠殺王室成員，並在巴格達的街道上遊行展示被肢解的屍體。軍政府廢除了君主制，宣布伊拉克成為共和國。許多過去與君主政治有所牽連的家庭都離開了這個國家，有些搬遷到附近的約旦，那裡的哈希米王朝國王是他們遇刺國王的一個表親兼親密夥伴。儘管札哈的父親與君主政治關係密切，但他的政黨加入了反對派的聯盟，成員包括支持埃及領導人納瑟泛阿拉伯主義理念的復興黨。穆罕默德．哈迪德是卡西姆的新軍事內閣中唯一的非軍方成員。一如許多富有地主和專業階層，哈迪德家族在革命後依然顯赫。然而，札哈的父親不久便辭去內閣職務。

五年後，伊拉克發生了另一場政變或革命。冷戰如火如荼時，西方和共產國家集團的關係極度緊張，這第二場革命讓國家轉向左傾，也讓伊拉克進入了蘇聯的勢力範圍。新政府對哈迪德家族不再友好。他們的財產被收歸國有，這是種委婉的說法，實際上就是被政府沒收充公。札哈的父親把她送到國外。有段時間，她在英國和可能是歐洲其他地方的幾所寄宿學校裡就讀。一九七二年，她從貝魯特美國大學（American University of Beirut）畢業，獲得學士學位。

在一九七五年漫長又破壞力強大的黎巴嫩內戰爆發之前，貝魯特有著「東方巴黎」的稱號。許多伊拉克的上流社會家庭經常造訪貝魯特。儘管規模不同，但貝魯特與巴黎一樣，可以提供文化、教育、書籍和銀行。儘管經歷了近四十年自相殘殺的戰爭，貝魯特仍然是阿拉伯生活的中樞。貝魯特美國大學最初是一八六六年創立的敘利亞新教學院（Syrian Protestant College），至今仍存。早在一八七一年，一位美國傳教士擔任校長，他就宣稱：「這所學院是為所有條件處境和階層的人而生，無論是何種膚色、國籍、種族或宗教。不管是白人、黑人或黃種人；基督教徒、猶太教徒、穆斯林或多神教徒，都可以入學並享受這個機構的所有好處，學程為期三年、四年或八年。」[4]一九二〇年，學院更名為現在的校名，並在一百五十餘年內，培養出數以萬計的醫生、工程師、護士、教師和商業相關領域的畢業生。

哈迪德從這所最具聲望的阿拉伯大學獲得學位後回到倫敦，獲得著名的建築協會學校（Architectural Association School）的入學資格。在那裡，她在當時一時之選的建築師手下學習，並在一九七七年獲得書卷獎。在她第四年的學生項目中，她設計出一間橋梁形狀的飯店，其中傳達的理念在接下來的三十年內仍持續啟發她的創作。她的一位老師形容她是「八十九度的創作者，因為她的作品從不會出現直角。」[5]在畢業典禮上，雷姆·庫哈斯（Rem Koolhaas，生於一九四四年）稱她為「在她專屬軌道上的一顆行星」[6]，而另一位建築大師以利亞·詹赫利斯（Elia Zenghelis，生於一九三七年）則視她為最難忘傑出的學生。

畢業後，哈迪德在荷蘭鹿特丹的大都會建築辦公室（Office for Metropolitan Architecture）實習，為她以前的兩位教授工作。接著在一九八〇年，她開設了自己的建築師事務所。她的哥哥因婚姻進入摩洛哥王室[7]，再加上她自己與阿拉伯菁英階層的人脈關係，哈迪德前程似錦——但旅程並不總是一帆風順。

初期，哈迪德的設計基本上都是紙上談兵，從未實際建造。一九七〇年代起，她早期在繪製草圖時，就堅持添加斜面元素。她的作品中沒有任何簡單直線的設計。儘管這些作品壯麗又創新，但付諸實踐的造價十分高昂。因此，她在替建築學生講課時得到更多立即的成就感。她起初在自己位於倫敦的學院裡授課，後續多年則在一些世界上首屈一指的學術機構講授建築學，其中不乏劍橋大學、維也納大學、漢堡美術大學（Hochschule für bildende Künste）、哈佛大學、芝加哥大學、俄亥俄州立大學、耶魯大學和紐約的哥倫比亞大學等學府。

建築領域的競爭非常激烈，參與者爭相在夢寐以求的場所展示自己的作品，贏得獎項，並得到獨家贊助人和評論家群體的認可。哈迪德在一九八二年獲得建築設計金獎，開了個好頭。接著在一九八八年，紐約的現代藝術博物館展出了她的作品，讓她的名氣直線上升。此後，她幾乎橫掃所有可能的獎項。最值得一提的是，她在二〇〇四年榮獲普立茲克建築獎（Pritzker Architecture Prize），這是建築界最負盛名的獎項，公認與諾貝爾獎齊名。她是第一位獲得該獎項的女性，決選評審團主席羅斯柴爾德勛爵（Lord Rothschild）表示：「她的能量和理念展現出更加不可限量的未來。」[8]她還獲頒英國最著名的建築獎——史特靈獎（Stirling Prize）。後來，她成為第一位也是唯一一位獲得英國皇家建築師協會（Royal Institute of British Architects）頒發的皇家金獎（Royal Gold Medal）的女性。美國藝術與文學學院（American Academy of Arts and

Letters）和美國建築師協會（American Institute of Architects）將她名列榮譽會員。聯合國教科文組織認可她為「和平藝術家」，法國授予她藝術和文學勳章（Commandeur de l’Ordre des Arts et des Lettres）。二〇一二年，伊莉莎白二世女王授予她大英帝國爵級司令勳章。

哈迪德有充分理由滿懷自信。她並不願被強調是名女性建築師或阿拉伯建築師。[9]她明白合作才能成就卓越。因此，她會與她能找到的最好的合夥人一起工作。她曾如此表示：

> 有時，女性會覺得她們要事必躬親，諸如工作、家管、照顧孩子，但要處理的事情太多了。因此，你必須早早認知到，你不可能凡事都親力親為，而必須學會信任他人能為你的願景一齊努力。團隊合作對我來說至關重要，唯有合作才能成事。我這些建築計畫的功勞不能由我一人獨攬，我事務所的許多人都有所貢獻。[10]

一如許多重要創作者的作品，哈迪德的作品無法輕易歸類。不過，這並不妨礙評論家在分析過程中，使用抽象主義[11]、解構主義[12]和參數主義（parametricism）等晦澀的標籤。哈迪德想出的那些塑造玻璃、鋼鐵和混凝土的方法確實十分罕見，導致她的建築似乎挑戰了物理學定律。無論是為二〇一二年奧運建造的倫敦水上運動中心（London Aquatics Centre），或是中國的廣州歌劇院，都帶有一股流動性，幾乎會讓觀者以為那些建築物處於永恆運動狀態。哈迪德本人經常密集使用建築術語，但她也可以非常簡明地描述她作品風格的本質：「我的理念就是不使用任何直角。一開始就是對角線。而對角線的原始概念是能夠『重塑』空間的爆炸。這是個重大發現。」[13]

哈迪德於二〇一六年三月三十一日在佛羅里達州的邁阿密，因心臟病發去世。她逝世時仍有幾座建築尚未完工。她的遺體葬於英國，在她父親穆罕默德和哥哥福拉德的墳墓之間長眠。在她的遺囑中，她為她的商業夥伴和她人數眾多的家族成員留下六千七百萬英鎊。她的建築遺產以可見的方式反映著她的創新精神。

或許有人會說，哈迪德並沒有強調自己的穆斯林身分。不過這無損她的影響力，她仍清楚表述了二十一世紀穆斯林女性的地位與抱負。

第二十一章

數學公主——米爾札哈尼

一九七七至二〇一七年

十九年後的二〇一四年，這位伊朗裔美國數學家在三十七歲時獲頒費爾茲獎，這是全世界數學領域成就的最高獎項。她是第一位獲此殊榮的女性，而且迄今仍是這個獎項八十多年來六十位獲獎者中唯一的女性。……米爾札哈尼是二十一世紀初最偉大的數學家之一，在象徵和實質意義上都應該成為公認的數學公主。

民族主義在不同的時間和地點會有多種多樣的表現形式，譬如在前面的篇章我們讀過哈麗黛以文字闡釋土耳其性，努爾的無私奉獻，以及庫勒蘇姆以音樂表達泛阿拉伯主義理想。在二十世紀的最後幾十年裡，民族主義和宗教復興主義明顯合為一體。在伊朗尤其如此，十九世紀烏蘇里派宗教學者的後繼者，執掌了整個中東地區現代化進程最快速、石油經濟勃興的國家。此一發展尚未蓋棺論定，但迄今為止的歷程充斥著矛盾衝突。瑪爾嫣・米爾札哈尼（Maryam Mirzakhani）的一生雖然短暫但成就斐然，我們可以從中看到婦女教育不可思議的轉變的諸多面向。

她在十八歲時，就解決了一個困擾專家二十四年的數學問題。她的教授為此給了她十美元的現金獎勵。十九年後的二〇一四年，這位伊朗裔美國數學家在三十七歲時獲頒費爾茲獎（Fields Medal）*，這是全世界數學領域成就的最高獎項。她是第一位獲此殊榮的女性，而且迄今仍是這個獎項八十多年來六十位獲獎者中唯一的女性。

女性對數學的歷史貢獻鮮少為人提及。在埃里克・坦普爾・貝爾（Eric Temple Bell）關於著名數學家的通俗讀物《數學大師》（*The Men of Mathematics*）中只收錄一位女性，甚至還拼錯她的名字。貝爾的書於一九三七年首次出版，他將十九世紀的著名數學家高斯（Carl Friedrich Gauss，一七七七至一八五五年）譽為數學家中的王子，這個稱號名副其實。而米爾札哈尼是二十一世紀初最偉大的數學家之一，在象徵和實質意義上都應該成為公認的數學公主。

米爾札哈尼一九七七年五月十二日出生於德黑蘭，在一個中產穆斯林家庭中長大，她的父親是工程師，母親是家庭主婦，還有三個兄弟姐妹。在米爾札哈尼快兩歲時，她的祖國經歷了一場革命。這次重大的轉捩點被稱為一九七九年伊斯蘭革命（Islamic Revolution of 1979），廢除了這片土地上古老的君主制度，最終催生出伊朗伊斯蘭共和國（Islamic Republic of Iran）。此外，冷戰正如火如荼時，伊斯蘭覺醒的浪潮也席捲世界各地，而這場革命正是象徵著伊斯蘭覺醒進程的一次高峰。

伊朗在一九七〇年代迅速西化，也是美國在波斯灣地區最親密的盟友，成為都市成長、工業發展和現代化的典範。石油美元（即在國際市場上出售原油獲得的外匯）流入帶給伊朗統治者巴勒維（Mohammad-Reza Shah Pahlavi，一九一九至一九八〇年）財富和膽量，決定帶領這個世界上唯一的什葉派穆斯林民族國家，踏入他所設想的「偉大文明之門」。國內的詆毀者和國外的批評者都反對他本人和他的計畫，急切指出兩者的瘋狂之處。國王深信他擁有一項神聖使命要推動，並認為現代化和伊斯蘭信仰可以共存不悖。他的悲劇性缺陷是無法容忍異議，最終導致他垮台。異議分子來自許多不同的背景，從溫和的自由主義者到堅定的共產主義者，從商人和公務人

---

* 譯注：正式名稱為國際傑出數學發現獎。

員到什葉派宗教學者皆有。何梅尼（Ayatollah Khomeini，約一九〇二至一九八九年）屬於什葉派宗教學者高層，曾經批評國王，他帶頭發起公眾抗議。最終，他意外推翻了國王統治。

事實證明，管理一個國家要比發動一場革命和把國王趕走更加困難。一九七九年二月十二日伊斯蘭革命宣布勝利隔天，問題就浮現了。新生的伊朗伊斯蘭共和國發現自己在各個方面都捉襟見肘。接著，在一九八〇年夏季的最後一天，伊拉克戰機轟炸了德黑蘭的機場，發動二十世紀中東地區最漫長的消耗戰。一九八〇至一九八八年間，共有數十萬伊朗和伊拉克公民傷亡或殘廢。同時，伊朗還得打擊武裝叛亂，抵抗國際制裁，並為全國人民提供基本服務。這個新國家的政績還有很大的改進空間。

在兩伊戰爭（Iran–Iraq War，一九八〇至一九八八年）的艱困歲月裡，米爾札哈尼的父母保護了他們的孩子。米爾札哈尼在二〇〇八年的一次採訪中回憶過往：「對他們來說，我們能夠從事有意義和成就感的職業非常重要，但他們並不那麼在意成功和成就。」[1]她在兩伊戰爭結束同年從小學畢業。

官方將戰後時期稱為「重建時代」，當時的首要任務是改善教育體系。米爾札哈尼十分幸運，受益於最高層級的教育政策。她若早十年出生，就無法獲得這麼多機會。

伊朗的憲法明訂，所有伊朗公民都應免費享有小學至高中教育。[2]在一九八〇年代，政府嚴格禁止私立學校，認為私校公然體現了舊秩序的差別待遇作風，而革命曾承諾要徹底改變這種陋習。然而，各個地區的公共教育良莠不齊，甚至不同社區的教育品質都有所落差。為了提供最好的教育給全國最聰明的學生，政府決心創辦學校，專門滿足那些數學和科學天分卓越的學生。一九八八年，米爾札哈尼在一次競賽測驗中取得高分，和其他約一百名十一歲女孩一起，進入了德黑蘭專門為天才女學生開設的法爾札尼甘學校（Farzanegan School）。

在法爾札尼甘學校的第一天，她就結識了一位終生摯友，她們在接下來的七年裡都同坐一張長凳，這名友人回憶：「瑪爾嫣六年級時唯一沒有名列前茅的科目就是數學。」[3]有次滿分二十分的考試，她考了十六分，相當於等第B，她撕爛了自己的成績單，說她已經受夠數學了！多年後，在談到這次的考試事件時，她記得她當時幾乎不曾想像過自己會成為理論數學家。她個人能夠理解為什麼「許多學生不給數學一個真正的機會……（因為）如果不會（對數學）感到興致勃勃，數學便看似是個毫無意義又冷冰冰的科目。」[4]她年輕時反而陶醉於閱讀小說，對寫作充滿熱情。她會和朋友一起在學校附近的書店閒逛，購買並閱讀任何她能找到的讀物。

多虧她一個鼓舞人心的哥哥和幾位優秀教師，才讓她對數學產生濃厚的興趣，他們還一路指導她，讓她成為同齡人中出類拔萃的理論數學家。不久，瑪爾嫣和她最好的朋友便開始花上好幾個小時思考討論數學問題。

教育者往往能帶來改變。法爾札尼甘學校的校長海麗葉・貝貢・哈麗札黛（Kheyrieh Beigom Haerizadeh）女士十分能幹，對自己的學校懷抱遠大願景，她管理嚴格，招募了一個明星教師團隊，並為學生營造一個充滿競爭但豐富的環境。她勤奮辦學，希望確保法爾札尼甘的學生擁有與最優秀的男校學生同等的機會。由於她的投入和努力，她說服了教育部官員，允許女高中生離家參加數學科學夏令營預備班，並讓女孩出國參加比賽。

課外活動十分有助於培養高中生對數學的興趣。無論是德黑蘭謝里夫大學（Sharif University）的導師舉辦的夏令營，或國際數學奧林匹克競賽的密集培訓馬拉松，都讓米爾札哈尼和她的幾位隊友興奮激動。她在九年級後的暑假（一九九三年）參加了一個關於圖論（graph theory）的研討會，這是門大學程度的課程，這次的經驗深深影響了她對數學日益增長的興趣，也激勵她首次在一本同儕評閱的期刊上發表文章。米爾札哈尼在十一年級（一九九四年）時參加了數學奧林匹克競賽，她和她那位長年的同校摯友是前兩名加入伊朗國家隊的女學生。在那年於香港、隔年在加拿大舉行的比賽中，她都贏得金牌，其中一次甚至拿下滿分，獲得奧林匹克競賽的最高榮譽。

米爾札哈尼擁有如此亮眼的成績，要進入謝里夫理工大學絕非難事。申請人必須在入學競賽（concours）中勝出，那是一系列高中課程的全科目測驗，緊張得令人屏息。雖然在奧林匹克比賽獲得佳績的學生無需參加入學競賽就能錄取，但謝里夫大學和其他一流大學的錄取率其實低於百分之五。米爾札哈尼於一九九五年進入謝里夫大學，並於一九九九年畢業。「文化革命」發生的十多年後，伊朗的大學已經復興。事實上，在一九九〇年代，伊朗全國的大學和大學生數量增長幅度創下新高。在伊朗歷史上，女大學生的人數首次與男大學生持平，而且不久後就超過男大學生的人數。在謝里夫大學，米爾札哈尼有機會接觸到同代最優秀聰明的人物，包括鼓舞人心的教授和同學。大一時，她解決了世界著名的匈牙利數學家艾狄胥（Paul Erdős，一九一六至一九九六年）在二十五年前提出的一個難題，並贏得指標性的獎項，再次證明了自己的能耐。她的教授都待她如珍寶。她花在數學上的時間愈多，她就愈發著迷。一九九八年三月，她在大三時曾有過一次不太愉快的經歷，有天凌晨她搭乘的巴士發生車禍，車輛因而滾落懸崖，造成與她同年的七名優秀學生喪生。

米爾札哈尼進入哈佛大學的研究所就讀。她後來形容自己剛入學時感到「毫無頭緒」。[5]為了跟上進度，她有時得用自己的母語波斯語寫筆記。然而，從一開始，她就因為強烈的學習意願和嚴謹態度脫穎而出。在五年內，即二〇〇四年，她已經拿到博士學位。

英國牛津有間新成立的克萊數學研究所（Clay Mathematics Institute）致力於在人類進展、文化與知識生活中，深化數學思想的美麗、力量與普世性，並認為米爾札哈尼的研究契合他們的使命，於是她從美國麻州的劍橋市越洋飛往牛津。在那裡結束研究後，她回到美國東北，開始在普林斯頓大學執教，這是她的第一份教職。她在數學系館占據了一間房間，並在黑板上寫滿了方程式，與教師和學生分享她想進一步探索的許多想法。不久，史丹佛大學搶先普林斯頓大學，提供米爾札哈尼一個正式的教授職位，當時她年僅三十二歲。在史丹佛大學工作期間，她獲得了多項聲譽卓著的獎項。最重要的成就是費爾茲獎，表彰「她對黎曼曲面（Riemann surfaces）及其模空間（moduli spaces）的動力學和幾何學的傑出貢獻」。[6]《自然》（*Nature*）期刊更在二〇一四年將她列為「十大重要人物」之一。

對普通人來說，米爾札哈尼採用的高級數學概念和方法仍然是難以理解的。正如她所說：「數學之美只向更有耐心的追隨者展露。」[7]儘管如此，她曾坦承，「我思考得很慢，必須耗費很多時間才能釐清我的想法並向前邁進。」[8]由此可以看出她思考的深度。她表示：

我沒有任何（開發出新的證明）的特殊祕訣……這就像迷失在叢林之中，你試圖用你能收集到的所有知識來想出一些新的妙計，如果運氣好的話，你可能會找到一條出路。[9]

有了新發現的時刻，那感受宛如站在山頂一覽無遺，她描述這樣的時刻是這種在叢林間的想像力漫遊中最有價值的部分。如她所述：「當然，最有成就感的部分是那個說出『啊哈』的時刻，那種發現新事物的興奮之情、理解新概念的無比樂趣。但多數時候，數學研究對我來說就像漫長的徒步旅行，無跡可循，也看不見盡頭！」[10]

像米爾札哈尼這樣偉大的數學家，她的人生故事不只是一條由連續達成專業成就的時間點連成的敘事弧線。她必定散發出一種洞徹專注的氛圍；她似乎總是堅持不懈[11]，從不安於半途而廢；她必定不屈不撓，總是想做得更好，不知疲倦地修改精煉她的研究。她拒絕將就摘取那些伸手可及的低垂果實，並建議：「搞清楚自己想要什麼，不要分心。」[12]熟識她的人還強調她謙遜、好奇、為追求卓越而全心投入，最重要的是她的人性。

許多專業數學家在《美國數學會通訊》（*Newsletter of the American Mathematical Society*）中回憶，他們在米爾札哈尼身上看到的不僅僅是一個「天才」。朋友記憶中的她「和我們其他人一樣都會擔憂不安」，而不是像娛樂界對「天才」原型人物的描述那樣古怪。他們還說，「她是個可愛的朋友。我們愛她的為人，即使她沒有她任何榮譽和獎項，我們也會同樣愛她。」

美國數學家亞歷克斯．埃斯金（Alex Eskin，一九六五年生）說她是「我見過最善良積極的人。」[13]哈佛大學的伊朗裔美國教授庫姆倫．瓦法（Cumrun Vafa）記得她曾幫助殘疾學生熟悉校園環境。[14]

米爾札哈尼常低調內向，從不把自己的成就掛在嘴邊。據說，她的父母是透過媒體報導才得知她獲頒費爾茲獎。她後來解釋說，她不認為這是什麼大事！她帶著親切的微笑，退到聚光燈之外。二〇〇八年，她數學研究的生產力達到頂峰時，她坦言：「我更喜歡獨自活動；我喜歡在閒暇時閱讀和運動。」[15]她的丈夫是捷克出生的同事揚・馮德拉克（Jan Vondrák），兩人一起撫養女兒安娜希塔（Anahita）、從事數學研究、享受聆聽有聲書等等。

米爾札哈尼在二〇一三年春天被診斷出罹患乳癌。她的治療困難又痛苦，但在四年內，癌症卻依然擴散到其他地方，首先是她的肝臟，接著是骨髓。她在四十歲生日後的兩個月又兩天離開人世，年輕得令人惋惜。

米爾札哈尼英年早逝的消息不僅震撼了數學家圈。她的祖國伊朗為她舉辦了一場與國家英雄同級的告別式。她的照片出現在全國報紙的頭版。她這名年輕母親悲劇逝世提高了公眾對幾個議題的意識。伊斯蘭諮詢會議（Islamic Consultative Assembly，即伊朗立法國會）的六十名成員得知米爾札哈尼生前努力為女兒爭取公民身分未果後，提議立法自動給予與外國男子結婚的伊朗母親的孩子伊朗公民身分。儘管全國上下都同情這位明星數學家和她的女兒，但該提案依然以失敗告終。數以千計與外國人結婚的伊朗婦女所生下的孩子前景仍舊茫然未知，伊朗境內阿富汗男性難民的子女尤其如此。

米爾札哈尼的研究成果深深影響了許多年輕的數學家，至今也仍繼續激勵著世界各地的數學家。美國數學學會（American Mathematical Society）會舉辦以她為名的講座，而在伊朗，她的忌日被訂為國家數學日。

她豐富而短暫的一生證明了她的膽識、優雅和對知識追求的奉獻，那是種超越政治邊界和性別界線的愛好。米爾札哈尼的非凡成就也體現出她祖國的婦女地位已經大幅改變。她所創造的人生遠遠超越了伊朗伊斯蘭共和國官方命令一般所允許的範疇。

後記

到此我們已經看到，在伊斯蘭歷史上，女性在隔絕的面紗之後，所完成的事業遠不只是家務而已。一個又一個例子說明了女性可以推動歷史，也意味著我們應該肯定她們過去的歷史影響，同時鼓勵她們在未來繼續這麼做。這本書中的生平故事所描述的二十一位女性當然都不是平凡女子。歷史往往不會記錄普通人（或女性）的生活。相比之下，我們擁有遠遠更豐富的資訊，去了解那些或可說是非凡男性的事蹟。即便有個女人可以女王的身分統治並享有最高地位，她所在的高位仍舊無法讓她的女性臣民得到權力。然而，如果我們忽視或低估過去的這些特例，就更難在此時此地為女性的影響力開闢出一片新天地。

由於人們對哈里發、國王和朝臣的行動和成就很感興趣，再加上原本就偏好宗教學者、蘇非導師和其他宗教權威人士的教誨，女性參與伊斯蘭歷史的紀錄無疑相形失色。

無論在方法或內容上，要從女性生活的角度來撰寫伊斯蘭敘事史，都會面臨許多層面的挑戰。從歷史上看，政治、道德和宗教方面的需求相互加強影響，導致男性成為焦點，女性卻被排除在外。特別是在過去，伊斯蘭社會並不鼓勵女性與相同社會階層的男性從事同樣的活動。女性對公共活動的參與有限，而且一般來說，女性幾乎無法享有與男性平等的地位。環境和事態演變很少符合女性理想，也很少讓她們發表意見。然而，至少在十九世紀之前，這種男女之間的差異在世界其他地方也幾乎都是常態，而不僅伊斯蘭社會如此。

現存的文獻幾乎全數皆由男性撰寫，在他們的著述中，男性往往「代表」女性發聲，而不是讓女性講述自己的故事。當然，男性歷史學家、編年史家和法學家會對女性感到好奇，尤其是著名的女性人物，也產出了大量（但偏頗）的資料和無數的現存文獻，內含豐富的素材，探討婦女在伊斯蘭歷史上的角色和法律地位。

女性生平的傳記集在伊斯蘭歷史上傳統悠久，最早至少可以追溯到九世紀穆罕默德・伊本・薩阿德（Muhammad Ibn Sa’d，約七八四至八四五年）關於麥地那婦女的著作。魯斯・羅德（Ruth Roded）的《伊斯蘭傳記集中的女性》（*Women in Islamic Biographical Collections*，一九九四年出版）正是在探討這樣的文學傳統。

儘管如此，今天在大部分穆斯林占多數的當代國家裡，無論是從阿富汗到沙烏地阿拉伯，或甚至是在西方的穆斯林移民社區，女性的處境仍然遠非理想。諸如許多阿拉伯國家要求女性出外必須要有男性親屬陪同，或是伊朗監管女性的穿著等社會限制，都是大家熟悉的例子。在教育發展、經濟機會和公共參與方面的差距也同樣令人擔憂。人們經常注意到，伊斯蘭教法限縮了婦女公認的既定角色。眾多撰寫女性傳記的男性作家，無論是來自伊斯蘭社會內部，還是後來從外部凝視伊斯蘭社會的外國東方學家，都對女性的天性抱持未經證實、厭女且自相矛盾的假設。他們這些有誤的前提在論據上站不住腳，有時也令人心理不適。例如，他們否定了婦女的能動性，將女性描繪成情感和身體脆弱、智力薄弱之人，無法面對殘酷的現實。

偏執狹隘的人從不會將維持邏輯一致視為要務。因此，有些人經常主張婦女是被動、冷漠和毫無能動性的化身，在對自己有利時也會支持截然相反的觀點。當他們面對一些歷史案例，女性突然躍上公共舞台，並親自採取行動時，就會轉而採用另一種理論，主張女性是狂野、暴躁、不純潔且不正當的力量。是否在這類互相替換但同樣錯誤的觀念間搖擺不定，部分取決於當事人本身在權力等級制度中的位置。為了維持男性的主導地位，這些局內和局外人都認為女性掌握大權是衰退的徵兆和根源，倡導女性統治會導致毀滅和墮落的觀念。當然，面對伊斯蘭傳統廣泛推崇的虔誠女性典範時，有些人不得不認同，在神的眼中，男性或女性的形式並不重要，所以男性也不應該因性別而差別待遇。在本書中，我們看到了這些立場的實例。

今天，社會已經改變，政治和道德的要求也和往日不同。因此，我們必須從新的角度來重新思考女性在伊斯蘭教的過去、現在和未來適合的位置。如此重新思考是學術研究必備的過程，也能夠在我們這個時代的一些迫切辯論中及時介入調停。伊斯蘭教的歷史悠久而複雜，在這本書中，我試圖認可其中女性的獨特聲音確實存在，並重現之。

無論古今，都存在關於這個議題的優秀學術研究成果。自一九八〇年代以來，伊斯蘭教和伊斯蘭社會中的女性議題一直是傑出學術研究活動的重點，並成為歷史學、人類學和政治學等跨學科的主流。關於這一主題的專著和編著集已達數百部之多。我們的原始資料和補充證據庫已顯著擴增，這部分要歸功於從阿拉伯文、波斯文、土耳其文、烏爾都文、馬來文和俄文翻譯成英文的工作。有些研究者根據女性歷史和女性主義理論，重新審視這些原始資料。出現英文的參考文獻和專門期刊，代表這個領域的研究在全世界都能引發共鳴。在「延伸閱讀」中，我引用了這些文獻的一小部分，既是為了指出我自己在獲取這些知識時所受到的幫助，也是為了向感興趣的讀者介紹可以在哪裡找到更多內容，而且是相當豐富的研究資料。

正如我在導言所述，我大多時候選擇避開爭議。然而，此時有個重點特別值得一提。過去的許多論述會將女性的歷史影響侷限在面對男性支配時的抵抗或捍衛行動，但這本書避開了這條老路。儘管這點也十分重要，但已經有其他著作強調了在各個伊斯蘭社區和社會中，女性如何勇敢行動、冒險開創、無所畏懼，也提到她們的祕密生活。無論將女性描繪成嬌嫩花朵或珍貴珠寶，抑或是堅韌的開拓者或凶猛的戰士，都各有市場，但若是因為女性抵制或反抗那些控制她們生活的人而讚揚她們，往往是假定這些女性都擁有某種女性主義意識和權力意志，但在她們所處的時代，這種意識或意圖並不一定存在。

正如本書中許多二十世紀前的生平傳記所示，女性可能會同時抵制和支持當時的權力運作原則。改變歷史的動力和在社會上的自主性時常互有關聯，但也可能各自獨立存在；即便如此，伊斯蘭歷史上的女性生活現實依然同樣繁複而迷人。

然而，若要更了解女性在過去的地位，從而啟發現今，並指引出更光明的未來，讓男性和女性都能為改善世界人類處境貢獻的話，所需要的遠不只是閱讀或寫作一本書，而是需要更多更有意識、勤懇且勇敢的努力。

延伸閱讀

1. 哈蒂嘉

對於哈蒂嘉生平的描述一般摻雜在先知穆罕默德的傳記之中。現存最早的原始文獻的英譯本可以參考Alfred Guillaume的*Life of Muhammad: A Translation of Ibn Ishaq's Sirat Rasul-Allah* (1967)。關於哈蒂嘉故居的圖像和描述，可參考Ahmad Zaki Yamani和Furqan Islamic Heritage Foundation於二〇一四年在倫敦出版的*The House of Khadeejah Bint Khuwaylid (may Allah be pleased with her) in Makkah al-Mukarramah: A Historical Study of its Location, Building, and Architecture*，這本書涵蓋了一九八〇年代末在麥加的哈蒂嘉故居出土時，一些考古發掘工作的成果。若想閱讀簡明易讀的傳記作品，可參考Resit Haylamaz的*Khadija: The First Muslimand the Wife of the Prophet Muhammad*。William Montgomery Watt的著作*Muhammad at Mecca*則包含了先知在麥加期間的其他原始資料。

2. 法蒂瑪

Karen Ruffle在她的論文“May You Learn from Their Model: The Exemplary Father-Daughter Relationship of Mohammad and Fatima in South Asian Shiism” (2011)中，探討了法蒂瑪和先知的父女關係如何成為典範。雖然作者特別注重南亞的什葉派歷史，但是她提出的多數觀點原則上推論到其他脈絡也都適用。Laleh Bakhtiar一九八一年翻譯了二十世紀什葉派作者Ali Shariati極具影響力的著作*Fatima is Fatima*，該書提供了來自社群內部慷慨激昂的論述。在*Fatima, Daughter of Muhammad* (2009)一書中，作者Christopher Clohessy從早期遜尼派和什葉派的阿拉伯文史料中，提出了對於法蒂瑪傳記素材的不同觀點。他書寫了宣告法蒂瑪出生時的神祕元素，她人生的悲傷和痛苦基調，以及更多關於她的教誨與虔信的內容。作者還探究了什葉派對先知女兒的部分描述，與基督教對耶穌的母親瑪利亞的描述之間有何相似之處。關於這個比較的主題，Mary Thurlkill的*Chosen among Women* (2007)一書中有更深入的探討。Firouzzeh Kashani-Sabet在她的論文“Who is Fatima? Gender, Culture, and Representation in Islam” (2005)中進一步研究了歷史上如何呈現法蒂瑪的形象。繼承權、法達克、法蒂瑪的抗議演說等相關議題，可以參考Wilferd Madelung的著作*The Succession to Muhammad: A Study of the Early Caliphate* (1997)，以及書後索引提及的更多內容。William Watt的*Muhammad at*

Medina (1956)詳盡闡述了先知穆罕默德在麥地那期間的宗教領袖群體。

3. 阿伊夏

Nadia Abbott在數十年前撰寫的阿伊夏傳記*Aishah, the Beloved of Mohammed* (1942)至今仍是很好的資料來源。Denise Spellberg在她內容豐富、研究透澈、具有理論意識的佳作*Politics, Gender, and the Islamic Past: The Legacy of 'A'isha bint Abi* (1994)中，探究了中世紀遜尼派和什葉派穆斯林對阿伊夏的生平和遺緒的不同闡釋。Aisha Geissinger在她的論文"Aisha bint Abi Bakr and Her Contributions to the Formation of the Islamic Tradition"中，簡述了關於阿伊夏在早期伊斯蘭傳統的某些面向形成過程的影響的相關研究。就如同關於法蒂瑪的研究一樣，William Watt的*Muhammad at Medina* (1956)提供了關於先知穆罕默德在麥地那期間的宗教領袖群體的詳盡內容。如今，關於阿伊夏的虛構文學作品已經問世，其中包括Kamran Pasha撰寫的小說*Mother of the Believers*，他借助小說的情節帶領讀者展開了一次愉悅的旅程。

4. 拉比雅

Rkia Elaroui Cornell於二〇一九年出版的*Rabi'a From*

*Narrative to Myth: The Many Faces of Islam's Most Famous Woman Saint, Rabi'a Al-'Adawiyya*是關於拉比雅的最新著作，十分引人注目，它是自從Margaret Smith的專著*The Life and Work of Rabi'a and Other Women Mystics in Islam*於一九九四年出版以來，關於這位著名的女蘇非行者最全面的研究。關於拉比雅的原始資料，可參考她的導師Abu 'Abd al-Rahman as-Sulami所著的女性傳記辭典*Early Sufi Women: Dhikr an-niswa al-muta 'abbidat as-Sufiyyat* (1999)，以及Farid al-Din Attar的*Memorial of God's Friends: Lives and Sayings of Sufis* (2009)。已故學者Annemarie Schimmel是英語世界中研究蘇非主義的重要權威，她寫了一本有關於蘇非主義的經典著作*Sufism, Mystical Dimensions of Islam*，她的另一著作*My Soul is a Woman: The Feminine in Islam* (1997)中收錄更多關於女蘇非行者的內容，尤其拉比雅。

5. 內沙普爾的法蒂瑪

Richard Bulliet在他的文章"Women and the Urban Religious Elite in the Pre-Mongol Period" (2003)中深入分析法蒂瑪，討論了她和其他的女性聖訓傳播者在大城市裡發揮的作用。關於聖訓學問中普遍的女性角色研究，可參考Asma Sayeedd的著作*Women and the Transmission of Religious Knowledge in Islam* (2013)。關於其他觀點的研究，可以參考Chase Robinson在二〇

一六年出版的著作*Islamic Civilization in Thirty Lives: The First 1,000 Years*，尤其是這本書中簡述了法蒂瑪前一世代的女性聖訓傳播者生平。關於截至法蒂瑪這一世代的女性蘇非行者，可以參考Sulami的*Early Sufi Women*，和Schimmel的*My Soul is a Woman: The Feminine in Islam*。法蒂瑪的丈夫阿布─卡西姆．古謝里的專著是關於蘇非思想的經典，Alexander Knysh已經將其翻譯成了英文。關於法蒂瑪在世時和去世後的內沙普爾詳盡歷史，可以參考Richard Bulliet的出色作品*Patricians of Nishapur: A Study in Medieval Islamic Social History* (1972)。

6. 阿爾瓦

Delia Cortese和Simonetta Calderini提供了大量關於阿爾瓦女王的資訊，尤其是二人的專著*Women and the Fatimids in the World of Islam* (2006)的第四章。關於當時的人對於阿爾瓦的政治和宗教生涯的態度，以及法蒂瑪朝和當地的編年史家如何對一個女人占據關鍵政治和宗教職位感到不安，可參考Samer Traboulsi在"The Queen was Actually a Man: Arwa Bint Ahmad and the Politics of Religion" (2003)中對一些編年史段落的翻譯。Marina Rustow在"A Petition to a Woman at the Fatimid Court" (2010)中詳盡研究了一份給女性的請願書，分析法蒂瑪朝哈里發政權的女性政治權力實例。

7. 禿兒罕

迄今為止，關於禿兒罕的唯一一本英文學術作品就是Bruno de Nicolo撰寫的專著*Women in Mongol Iran: The Kahtuns, 1206–1335* (2017)，內容豐富淵博。

8. 沙嘉拉

David J. Duncan在論文“Scholarly Views of Shajarat al-Durr”中，提供了關於對沙嘉拉·杜爾的看法的出色概述。Amalia Levanoni的論文“Sagar Ad-Durr: A Case of Female Sultanate in Medieval Islam” (2001)，Susan J. Staffa的文章“Dimensions of Women's Power in Historic Cairo” (1987)，以及Fatima Mernissi的書籍*The Forgotten Queens of Islam* (1993)，都給出了關於這名重要女性的一些不同觀點。多產的黎巴嫩作家Jurji Zaydan撰寫了許多影響穆斯林世界觀的通俗歷史讀物，其中一本是戲劇化的沙嘉拉生平，在譯者Samah Selim和雪城大學出版社（Syracuse University Press）的努力下，本書已有英文譯本可以閱讀，名為*Tree of Pearls, Queen of Egypt* (2012)。黎巴嫩作家阿敏·馬盧夫的暢銷作品《阿拉伯人眼中的十字軍東征》引人入勝地描述了沙嘉拉的時代。關於馬穆魯克統治時期的埃及和敘利亞通史，可參考Michael Winter和Amalia Levanoni編輯的論文集*The Mamluks in Egyptian and Syrian Politics and Society*

(2004)。R. Steven Humphreys的專題著作From Saladin to the Mongols: The Ayyubids of Damascus 1193–1260 (1977)中，也收錄和沙嘉拉生平直接相關的資訊。

9. 胡拉

Fatima Mernissi在她的著作*The Forgotten Queens*中描寫了這位泰圖安的女性統治者，敘事方式既現代又具有開創性。關於更多的近年文獻，可以參考Hasna Lebbady有關摩洛哥北部女性的著作，其中包括她的學術專著*Feminist Traditions in Andalusi-Moroccan Oral Narratives* (2009)和論文"Women in Northern Morocco: Between the Documentary and the Imaginary" (2012)。Osire Glacier的*Political Women in Morocco: Then and Now* (2013)也能讓讀者更廣泛理解背景脈絡。

10. 帕里

從Shohreh Golsorkhi的傳記文章"Pari Khan Khanum: A Masterful Safavid Princess" (1995)，以及Maria Szuppe的兩篇論文"The Jewels of Wonder: Learned Ladies and Princess Politicians in the Provinces of Early Safavid Iran" (1998)和"Status, Knowledge, and Politics: Women in Sixteenth-Century Safavid Iran" (2003)都能找到更多資訊。Anita Amirrezvani的*Equal of*

Fire (2012)則是近年出版的虛構寫作作品，十分精采。在Michele Membrè的*Mission to the Lord Sophy of Persia (1539–1542)*中，我們可以看到一個威尼斯商人對於薩法維帝國和宮廷的第一手描述，本書已由A. H. Mortony在一九九三年翻譯成英文。關於較晚期的波斯薩法維編年史的英文譯本，可以參考Eskandar Beg Monshi-Turkaman的*History of Shah 'Abbas the Great*。想更了解早期薩法維時期的歷史背景，可以參考Rula J. Abisaab的著作*Converting Persia: Religion and Power in the Safavid Empire* (2015)。

11. 努爾賈汗

關於努爾賈汗的統治，請參考Ruby Lal巨細靡遺、行文生動有趣的傳記作品*Empress: The Astonishing Reign of Nur Jahan* (2018)。

12. 薩菲耶

關於鄂圖曼帝國的女性和政治勢力的主題，Leslie P. Peirce的專題作品*The Imperial Harem: Women and Sovereignty in the Ottoman Empire* (1993)，以及“Shifting Boundaries: Images of Ottoman Royal Women in the 16th and 17th Centuries” (1988)等論文都樹立了一個新標竿。她近期出版的作品是*Empress of the*

East: How a European Slave Girl Became Queen of the Ottoman Empire (2017)，這本書對一般大眾讀者來說更容易閱讀。另外，Maria Pia Pedani的研究"Safiye's Household and Venetian Diplomacy" (2000)和Nina Ergin的"Ottoman Royal Women's Spaces: The Acoustic Dimension" (2014)提供了更多寶貴的細節。

13. 塔姬

Sher Banu Khan的著作*Sovereign Women in a Muslim Kingdom: The Sultanahs of Aceh, 1641-1699* (2017)讓我們更深入理解現代早期東南亞伊斯蘭歷史中的女性地位。這是第一本分析亞齊女性統治的長篇專題著作，其中的部分內容聚焦在塔姬一六三六至一六五六年的前二十年統治。

14. 塔赫蕾

Moojan Momen在論文 "Usuli, Akhbari, Shaykhi, Babi: The Tribulations of a Qazvin Family" (2003)詳述了塔赫蕾的家庭背景。關於塔赫蕾的生平和巴布派運動，可以參考Abbas Amanat的*Resurrection and Renewal: The Making of the Babi Movement in Iran, 1844–1850* (1989)。而Negar Mottahedeh的"The Mutilated Body of the Modern Nation: Qurrat al-'Ayn Tahira's Unveiling and the Iranian Massacre of the Babis" (1998)則是另一篇研究方法迥異的文章。另外，Bahiyyih Nakhjavani以小說*The Woman Who Read Too Much* (2015)重現了塔赫蕾的生活。

15. 阿斯瑪

我們能夠用英文了解阿斯瑪的著作，主要得感謝Jean Boyd和Beverly B. Mack的大量學術研究。兩人合著的*Educating Muslim Women: The West African Legacy of Nana Asma'u 1793–1864* (2013)、Mack的*One Woman's Jihad: Nana Asma'u, Scholar and Scribe* (2000)，以及Boyd的*The Caliph's Sister: Nana Asma'u, 1793– 1865, Teacher, Poet, and Islamic Leader* (1989)，都描寫了她的生涯和時代背景。從阿拉伯文、富拉尼語和豪薩語翻譯成英語的文集*Collected Works of Nana Asma'u, Daughter of Usman dan Fodiyo (1793–1864)* (1997)提供了原始資料，並有上述兩位學者編輯充實的注釋和評述。

16. 穆赫莉莎

通過Rozaliya Garipova近年來的學術研究成果，我們得以更了解穆赫莉莎，尤其是她近期的論文"Muslim Female Religious Authority in Russia: How Mukhlisa Bubi Became the First Female Qadi in the Modern Muslim World" (2017)、"Muslim

Women's Religious Authority and Their Role in the Transmission of Islamic Knowledge in Late Imperial Russia" (2016)，以及"The Protectors of Religion and Community: Traditionalist Muslim Scholars of the Volga-Ural Region at the Beginning of the Twentieth Century" (2016)。關於背景資訊，可參考Shafiga Daulet的論文"The First All Muslim Congress of Russia: Moscow, 1-11 May 1917" (1989)、Marianne Kamp的"Debating Sharia: The 1917 Muslim Women's Congress in Russia" (2015)，以及Agnés N. Kefeli的*Becoming Muslim in Imperial Russia: Conversion, Apostasy, and Literacy* (2014)。關於維新運動，可參考Edward J. Lazzerini的論文" adidism at the Turn of the Twentieth Century: A View from Within" (1975)、Ingeborg Baldauf的"Jadidism in Central Asia within Reformism and Modernism in the Muslim World" (2001)、Ahmet Kanlidere的*Reform within Islam: The Tajdid and Jadid Movement among the Kazan Tatars (1809–1917)* (1997)、Adeeb Khalid的*Politics of Muslim Cultural Reform: Jadidism in Central Asia* (1999)，以及Dewin DeWeese的學術評論文章"It Was a Dark and Stagnant Night ('til the Jadids Brought the Light): Clichés, Biases, and False Dichotomies in the Intellectual History of Central Asia" (2016)。若想更深入了解其歷史背景，可以閱讀Robert Crews的*For Prophet and Tsar: Islam and Empire in Russia and Central Asia* (2009)、Gregory J. Massell的*Surrogate Proletariat: Moslem Women and Revolutionary*

Strategies in Soviet Central Asia, 1919–1929 (1974)，以及Shoshana Keller的*To Moscow, Not Mecca: The Soviet Campaign against Islam in Central Asia* (2001)。

17. 哈麗黛

哈麗黛本人撰寫的回憶錄*The Turkish Ordeal* (1928)描繪出一幅鮮活的自畫像。Erdag Göknar在論文"Turkish-Islamic Feminism Confronts National Patriarchy: Halide Edib's Divided Self" (2013)中，探討了她複雜的人格。Arzu Öztürkmen在她的"The Women's Movement under Ottoman and Republican Rule: A Historical Reappraisal" (2013)一文中，考察了從鄂圖曼帝國到土耳其共和國過渡時期的婦女活動。關於鄂圖曼帝國晚期的婦女教育，可參考Elizabeth B. Frierson的論文"Unimagined Communities: Women and Education in the Late-Ottoman Empire 1876–1909" (1995)。關於更多的歷史背景，可以閱讀Duygu Köksal和Anastasia Falierou編輯的*A Social History of Late Ottoman Women: New Perspectives* (2013)。Serif Mardin的著作*The Genesis of Young Ottoman Thought: a Study in the Modernization of Turkish Political Ideas* (1962)在問世幾十年後，依然有其參考價值。

18. 努爾

Shrabani Basu在*Spy Princess: The Life of Noor Inayat Khan* (2008)引人入勝地描寫了努爾的故事。

19. 庫勒蘇姆

有兩部關於庫勒蘇姆的重要作品，分別是Virginia Danielson的*Voice of Egypt: Umm Kulthum, Arabic Song, and Egyptian Society in the Twentieth Century* (2008)，和Laura Lohman的*Umm Kulthum: Artistic Agency and the Shaping of an Arab Legend, 1967-2007* (2010)。

20. 哈迪德

有本名為*Reflections on Zaha Hadid*的小書包含了大量對她及其藝術成就的個人觀察。這本書的介紹影片網址：www.archdaily.com/785459/ reflections-on-zaha-hadid-a-compilation-of-introductory-remarks。

21. 米爾札哈尼

在米爾札哈尼去世的幾天後，有許多的悼念文章發表。在二〇一八年十一月號的美國數學學會的會刊通訊中，收錄多篇悼文，生動勾勒出這位已故數學家的為人生平。

後記

有些關於理論推動力的討論，強調了女性的姿態、態度和行動可能展現出「抵抗」的特徵，可參考Lila Abu-Lughod的論文“The Romance of Resistance: Tracing Transformations of Power through Bedouin Women” (1990)和*Veiled Sentiments: Honor and Poetry in a Bedouin Society* (2000)，以及她近期的學術研究成果。另外，亦可參考Saba Mahmoud見解深刻的著作*Politics of Piety: The Islamic Revival and the Feminist Subject* (2005)。

注釋

第一章　第一位信士——哈蒂嘉

1 Alfred Guillaume, *Life of Muhammad* (1955, 1967), p. 106. See Quran sura 96, ‘Alaq, verses 1–5. With this example as a guide, henceforth references to the Quran will appear in the following format, Q.Chapter name (chapter number): verse (s), e.g., Q.‘Alaq (96): 1–5.
2 Ibid.
3 Guillaume, p. 106–7.
4 Guillaume, p. 82–3.
5 Q.Duha (93): 3–5.
6 Q.Duha (93): 6–8.
7 Q.Duha (93): 9–11.
8 Guillaume, p. 115.
9 Q.Takwir (81): 1–4.
10 Q.Takwir (81): 8–9.
11 Q.Takwir (81): 26–29.
12 Q.Humaza (104): 1–4.

第二章　先知的血肉——法蒂瑪

1 Fahmida Suleman, ed., *People of the Prophet's House: Artistic Ritual Expressions of Shi‘i Islam: A Translation of Ibn Ishaq's Sirat Rasul-Allah* (2015), p. 183.
2 Wilferd Madelung, *The Succession to Muhammad: A Study of the Early Caliphate* (1997), p. 1.
3 Q.Nisa' (4): 7
4 Q.Isra' (17): 26.
5 Q.Kawsar (108). This is the shortest full chapter (*sura*) in the Quran.

第三章　聖訓的傳述者——阿伊夏

1 Q. Ahzab (33): 6.
2 Fatima Mernissi, *The Veil and the Male Elite: A Feminist Interpretation of Women's Rights in Islam* (1991), p. 78, text to footnotes 36, 37.

3 Aisha Geissinger, "Aisha bint Abi Bakr and Her Contributions to the Formation of the Islamic Tradition" (2011), p. 41; Mernissi, *The Veil and the Male Elite*, p. 77, text to footnote 34.

4 Q.Nur (24): 4.

5 Mernissi, *The Veil and the Male Elite*, pp. 69ff.

6 Ibid., p. 73 text to note 24.

7 Ibid., p. 78, text to note 38. My translation slightly differs from that in Mernissi.

8 Ibid., p. 70 text to Footnote 11.

9 Geissinger, p. 41 text to note 39.

10 Mernissi, p. 49 text to footnote 1.

11 Ibid., p. 50 text to footnote 4.

12 Ibid., p. 53.

第四章　蘇非行者——拉比雅

1 See Richard Bulliet, *Cotton, Climate, and Camels in Early Islamic Iran: A Moment in World History* (2009).

2 For a different translation, see R. A. Nicholson, *A Literary History of the Arabs* (1930), p. 234.

3 Chase F. Robinson, *Islamic Civilization in Thirty Lives: The First 1,000 Years* (2016).

4 For a different translation, see Paul Losensky's rendition in Farid-al-Din Attar's *Memorial of God's Friends: Lives and Sayings of Sufi s* (2009), p. 97.

5 Q.Yunus (10): 62–64.

第五章　信仰的守護者——內沙普爾的法蒂瑪

1 Asma Sayeed, *Women and the Transmission of Religious Knowledge in Islam* (2013).

2 Rkia Elaroui Cornell, introduction to Abu ʻAbd al-Rahman as-Sulami, *Early Sufi Women: , Dhikr an-niswa al-mutaʻabbidat as-Sufi yyat* (1999), pp. 54–60, and 142–45.

3 Richard Bulliet, "Women and the Urban Religious Elite in the Pre-Mongol Period" (2003), p. 68.

4 Qushayri, *Epistle on Sufi sm*, tr. Alexander D. Knysh (2007), . 110.

第七章　行善濟世的女王——禿兒罕

1 Q.Nur (24): 4

第八章　完美的政治玩家——沙嘉拉

1 David J. Duncan, "Scholarly Views of Shajarat al-Durr: A Need for Consensus" (2000), citing Sir John Glubb, *Soldiers of Fortune* (New York, NY: Stein & Day, 1973), pp. 49–50.

2 Amin Maalouf, *The Crusades Through Arab Eyes* (1986), p. 238.

3 Fatima Mernissi, *The Forgotten Queens of Islam* (1993), p. 90.

第九章 直布羅陀女王——胡拉

1 https://en.unesco.org/creative-cities/tetouan.

2 Mernissi, *Forgotten Queens*, p. 16.

3 Hasna Lebbady, *Feminist Traditions in Andalusi- Moroccan Oral Narratives* (2009).

4 Ibid.

5 Ibid.

第十章 薩法維王朝的強人——帕里

1 Eskandar Beg Monshi- Turkaman, *History of Shah 'Abbas the Great* (1978), vol. I, p. 133.

2 Ibid., p. 292.

3 (36) Roger M. Savory, *History* 1: 298.

4 Monshi-Turkaman, p. 298.

5 Rudi Mathee, *Pursuit of Pleasure: Drugs and Stimulants in Iranian History, 1500–1900* (2009), p. 104.

6 Monshi-Turkaman, p. 327. The translation given is mine.

7 Vladimir Minorsky, *Tadhkirat al- M uluk: A Manual of the Safavid Administration* (1943), p. 23.

8 Roger M. Savory, s. v. Ismail II, in *Encyclopaedia of Islam*.

第十一章 蒙兀兒帝國的武則天——努爾賈汗

1 Jahangir, *The Jahangirnama: Memoirs of Jahangir, Emperor of India* (1999) p. 40.

2 Cited in Ruby Lal, *Empress: The Astonishing Reign of Nur Jahan* (2018), p. 103.

3 M. K. Hussain, *Catalogue of Coins of the Mughal Emperors* (1968), p. 10.

4 Cited from Lal, *Empress*.

5 Cited in Lal, *Empress*, ch. 9, text to footnote 22.

第十二章 蘇丹之母——薩菲耶

1 Leslie Penn Peirce, *The Imperial Harem: Women and Sovereignty in the Ottoman Empire* (1993), p. 95.

2 Maria Pia Pedani, "Safi ye's Household and Venetian Diplomacy" (2000), p. 13.

3 Cited in Leslie Penn Peirce, *Empress of the East: How a European Slave Girl Became Queen of the Ottoman Empire* (2017), ch. 10, note 12; also, Peirce, *Imperial Harem*, p. 202.

4 Peirce, *Imperial Harem*, p. 223.

5 Clinton Bennett, "Correspondence with Safi ye Sultan" (2015). See also Andrea Bernadette, *Women and Islam in Early Modern English Literature* (2007), p. 13.

6 Peirce, *Imperial Harem*, p. 228. Peirce, *Empress of the East*, text to note 41 in the fi nal chapter before the epilogue.

7 Peirce, *Imperial Harem*, p. 126.

8 Bennett, "Correspondence with Safi ye Sultan."9 Peirce, *Imperial Harem*, pp. 242–243.

10 Ibid., p. 242.

11 Pedani, *"Safi ye's Household,"* p. 15.

12 Peirce, *Imperial Harem*, p. 231.

第十三章　亞齊國女蘇丹——塔姬

1 Marco Polo, *The Travels of Marco Polo* (1926), pp. 338, 341–342.

2 Q.Yunus (10): 25; An'am (6): 127.

3 Sher Banu A. L. Khan, *Sovereign Women in a Muslim Kingdom: The Sultanahs of Aceh, 1641–1699* (2017), pp. 66–92.

4 40 *bahar* (a Malay measurement of approximately 210–30 kg), so 2000 lb.

5 https://www.thirteen.org/dutchny/interactives/manhattan-island/.

6 On this hadith, see Chapter 3 on Aisha.

第十四章　是英雄還是異端？——塔赫蕾

1 See note 66 in Moojan Momen, "Usuli, Akhbari, Shaykhi, Babi: The Tribulations of a Qazvin Family," (2003). Nabil Zarandi, *The Dawn- Breakers: Nabil's Narrative of the Early Days of the Baha'i Revelation* (1974), 63–66 (English translation 84n.). I have changed the translation.

2 Cf. *The Dawn-Breakers*, p. 81, note 2, and p. 285, note 2. Certain lines, there translated by Shoghi Effendi, are incorporated here.

3 Momen, "Usuli, Akhbari, Shaykhi, Babi," text to note 84.

4 Ibid., note 95 and text.1

第十五章　非洲女權先驅——阿斯瑪

1 Jean Boyd, "Distance Learning from Purdah in Nineteenth-Century Northern Nigeria: The Work of Asma'u Fodiyo" (2001). I have altered the translation.

2 Jean Boyd, "The Fulani Women Poets," in *Pastoralists of the West African Savannah*, ed. Mahdi Adamu and A. H. M. Kirk-Greene, 127–44, p. 128. Translation slightly modifi ed here.

第十七章 新土耳其的催生者——哈麗黛

1 http://www.loc.gov/pictures/collection/ahii/.
2 Eric Zurcher, *Turkey: A Modern History* (2004), p. 128.
3 Edib, *Confl ict of East and West*, p. 236.
4 Q.Nisa' (4): 32. Hasan, *Between Modernity and Nationalism*, pp. 60–61 5 Halidé Edib Adivar, *Confl ict of East and West in Turkey* (1963), p. 199.
6 Ibid., p. 201.
7 Halidé Edib Adivar, *Inside India* (1937).
8 Zeynep Basil Saydun, *Construction of Nationalism and Gender in Halidé Edib's Autobiographical Writings: Memoirs of Halidé Edib and The Turkish Ordeal* (2008), p. 117.

第十八章 以身殉國的情報員——努爾

1 Shrabani Basu, *Spy Princess: The Life of Noor Inayat Khan* (2008), p. 39.
2 Ibid., p. 58.
3 Ibid., p. 60.
4 Ibid., p. 66.

第十九章 埃及的歌姬——庫勒蘇姆

1 Virginia Danielson, *The Voice of Egypt: Umm Kulthum, Arabic Song, and Egyptian Society in the Twentieth Century* (1997, 2008), p. 243.
2 Ibid., p. 185.
3 Laura Lohman, *Umm Kulthum: Artistic Agency and the Shaping of an Arab Legend, 1967–2007* (2010).
4 https://www.youtube.com/watch?v=SgKTlAXgcTE.

第二十章 建築界的女王——哈迪德

1 Zaha Hadid, "Being an Arab and a woman is a double- e dged sword," interview by Huma Qureshi, *Guardian*, November 14, 2012, https://www.theguardian.com/lifeandstyle/2012/nov/14/zaha-hadid-woman-arab-double-edged-sword. Accessed May 17, 2018.
2 https://www.theguardian.com/lifeandstyle/2012/nov/14/zaha-hadid-woman-arab-double-edged-sword.
3 Zaha Hadid interview by Huma Qureshi, *Guardian*.
4 http://www.aub.edu.lb/aboutus/Pages/history.aspx.
5 "A warped perspective," *Daily Telegraph*, https://www.telegraph.co.uk/culture/art/3645888/A-warped-perspective.html.
6 Ibid.

7 "Foulath Hadid: Writer and expert on Arab affairs," *Independent*, October 12, 2012, https://www.independent.co.uk/news/obituaries/foulath-hadid-writer-and-expert-on-arab-affairs-8207992.html.
8 "2004 Pritzker Prize announcement," http://www.pritzkerprize.com/2004/announcement.
9 Deyan Sudjic, "Dame Zaha Hadid Obituary," *Guardian*, April 1, 2016, https://www.theguardian.com/artanddesign/2016/apr/01/zaha-hadid-obituary.
10 Interview by Huma Qureshi, *Guardian*.
11 John Seabrook, "The Abstractionist," *The New Yorker*, December 21, 2009, https://www.newyorker.com/magazine/2009/12/21/the-abstractionist.
12 Hadid, 2016, p. 254.
13 *Zaha Hadid*, Taschen, 2016, p. 1.

第二十一章　數學公主——米爾札哈尼

1 http://www.claymath.org/library/annual_report/ar2008/08Interview.pdf.
2 Section III, Principle XXX.
3 Roya Beheshti, "Maryam Mirzakhani in Iran." In *AMS Newsletter*, November 2018.
4 http://www.claymath.org/library/annual_report/ar2008/08Interview.pdf.
5 "Maryam Mirzakhani, Stanford Mathematician and Fields Medal Winner, Dies," *Stanford News*, https://news.stanford.edu/2017/07/15/maryam-mirzakhani-stanford-mathematician-and-fields-medal-winner-dies/. Accessed July 15, 2017.
6 "IMU Prizes 2014 citations," International Mathematical Union, 2014 citations.
7 http://www.claymath.org/library/annual_report/ar2008/08Interview.pdf.
8 http://www.claymath.org/library/annual_report/ar2008/08Interview.pdf.
9 Myers, Andrew and Carey, Bjorn, "Maryam Mirzakhani, Stanford Mathematician and Fields Medal Winner, Dies," *Stanford News*, 15 July 2017.
10 http://www.claymath.org/library/annual_report/ar2008/08Interview.pdf.
11 Graduate Students, AMS.
12 From AMS, pp. 1246–7.
13 Alex Eskin, AMS.
14 Cumrun Vafa, *AMS Newsletter*.
15 http://www.claymath.org/library/annual_report/ar2008/08Interview.pdf.

參考書目

Abbott, Nadia, *Aishah, the Beloved of Mohammed* (Chicago, IL: The University of Chicago Press, 1942, reprinted 1985).

Abisaab, Rula Jurdi, *Converting Persia: Religion and Power in the Safavid Empire* (London and New York, NY: I.B. Tauris, 2015).

Abu-Lughod, Lila, "The Romance of Resistance: Tracing Transformations of Power through Bedouin Women," *American Ethnologist* 17 (1), 1990, pp. 41–55.

———. *Veiled Sentiments: Honor and Poetry in a Bedouin Society* (Berkeley, CA: University of California Press, 2000).

Adivar, Halidé Edip, *The Turkish Ordeal: Being the Further Memoirs of Halidé Edib* (London: The Century Co., 1928).

———. *Inside India* (London: Unwin Brothers, 1937).

———. *Confl ict of East and West in Turkey* (SH. Muhammad Ashraf, 1963).

Amanat, Abbas, *Resurrection and Renewal: The Making of the Babi Movement in Iran, 1844–1850* (Ithaca, NY: Cornell University Press, 1989).

Amirrezvani, Anita, *Equal of Fire* (New York, NY: Scribner, 2012).

Anon., *Refl ections on Zaha Hadid (1950–2016)* (London: Serpentine Gallery, 2016).

as-Sulami, Abu 'Abd al-Rahman, *Early Sufi Women: Dhikr an-niswa al-muta'abbidat as-Sufi yyat*, ed. and tr. Rkia Elaroui Cornell (Louisville, KY: Fons Vitae, 1999).

Attar, Farid-al-Din, *Memorial of God's Friends: Lives and Sayings of Sufi s*, tr. Paul Losensky (Mahwah, NJ: Paulist Press, 2009).

Baldauf, Ingeborg, "Jadidism in Central Asia within Reformism and Modernism in the Muslim World," *Die Welt des Islams*, 41 (1), 2001, pp. 72–88.

Basu, Shrabani, *Spy Princess: The Life of Noor Inayat Khan* (Stroud, UK: The History Press, 2008).

Beheshti, Roya, "Maryam Mirzakhani in Iran." *AMS Newsletter*, November 2018.

Bennett, Clinton, "Correspondence with Safi ye Sultan," in D. Thomas (ed.), *Christian-Muslim Relations 1500–1900*, (Brill, 2015), available online: http://dx.doi.org/10.1163/2451-9537_cmrii_COM_28511.

Bernadette, Andrea, *Women and Islam in Early Modern English Literature* (Cambridge, UK: Cambridge University Press, 2007).

Boyd, Jean, *The Caliph's Sister: Nana Asma'u, 1793–1865, Teacher, Poet, and Islamic Leader* (London and Totowa, NJ: F. Cass, 1989).

———. "Distance Learning from Purdah in Nineteenth-Century Northern Nigeria: The Work of Asma'u Fodiyo," *Journal of African Cultural Studies*, 14 (1), 2001, pp. 7–22.

Boyd, Jean and Mack, Beverly B., *Educating Muslim Women: The West African Legacy of Nana Asma'u 1793–1864* (Oxford and Leicester, UK: Interface Publications and Kube Publishing, 2013).

——— (eds), *Collected Works of Nana Asma'u, Daughter of Usman dan Fodiyo (1793–1864)* (East Lansing, MI: Michigan State University Press, 1997).

Bulliet, Richard W., *Patricians of Nishapur: A Study in Medieval Islamic Social History* (Cambridge, MA: Harvard University Press, 1972).

———. "Women and the Urban Religious Elite in the Pre-Mongol Period," in G. Nashat and L. Beck (eds), *Women in Iran from the Rise of Islam to 1800* (Urbana, IL: University of Illinois Press, 2003), pp. 68–79.

———. *Cotton, Climate, and Camels in Early Islamic Iran: A Moment in World History* (New York, NY: Columbia University Press, 2009).

Clohessy, Christopher Paul, *Fatima, Daughter of Muhammad* (Piscataway, NJ: Gorgias Press, 2009).

Cornell, Rkia Elaroui, *Rabi'a from Narrative to Myth: The Many Faces of Islam's Most Famous Woman Saint, Rabi'a al-'Adawiyya* (London: Oneworld Academic, 2019).

Cortese, Delia and Calderini, Simonetta, *Women and the Fatimids in the World of Islam* (Edinburgh: Edinburgh University Press, 2006).

Crews, Robert, *For Prophet and Tsar: Islam and Empire in Russia and Central Asia* (Cambridge, MA, and London: Harvard University Press, 2009).

Danielson, Virginia, *The Voice of Egypt: Umm Kulthum, Arabic Song, and Egyptian Society in the Twentieth Century* (Chicago, IL: University of Chicago Press, 1997, 2008).

Daulet, Shafi ga, "The First All Muslim Congress of Russia: Moscow, 1–11 May 1917," *Central Asian Survey*, 8 (1), 1989, pp. 21–47.

de Nicolo, Bruno, *Women in Mongol Iran: The Kahtuns, 1206–1335* (Edinburgh: Edinburgh University Press, 2017).

DeWeese, Dewin, "It Was a Dark and Stagnant Night ('til the Jadids Brought the Light): Clichés, Biases, and False Dichotomies in the Intellectual History of Central Asia," *Journal of Economic and Social History of the Orient*, 59, 2016, pp. 37–92.

Duncan, David J., "Scholarly Views of Shajarat al-Durr: A Need for Consensus," *Arab Studies Quarterly*, 22, 2000, pp. 51–69.

Ergin, Nina, "Ottoman Royal Women's Spaces: The Acoustic Dimension," *Journal of Women's History*, 26 (1), 2014, pp. 89–111.

Frierson, Elizabeth B., "Unimagined Communities: Women and Education in the Late-Ottoman Empire 1876–1909," *Critical Matrix: Princeton Working Papers in Women's Studies*, 9 (2), 1995, p. 55.

Garipova, Rozaliya, "Muslim Women's Religious Authority and Their Role in the Transmission of Islamic Knowledge in Late Imperial Russia," *Tatarica*, 5, 2016, pp. 152–63.

———. "The Protectors of Religion and Community: Traditionalist Muslim Scholars of the Volga-Ural Region at the Beginning of the Twentieth Century," *JESHO*, 59, 2016, pp. 126–65.

———. "Muslim Female Religious Authority in Russia: How Mukhlisa Bubi Became the First Female *Qadi* in the Modern Muslim World," *Die Welt des Islams*, 57 (2), 2017, pp. 135–61.

Geissinger, Aisha, "Aisha bint Abi Bakr and her Contributions to the Formation of the Islamic Tradition," *Religion Compass*, 5 (1), 2011, pp. 37–49.

Gholsorkhi, Shohreh, "Pari Khan Khanum: A Masterful Safavid Princess," *Iranian Studies*, 28 (3–4), 1995, pp. 143–56.

Glacier, Osire, *Political Women in Morocco: Then and Now*, tr. Valé rie Martin

(Trenton, NJ: Red Sea Press, 2013).

Göknar, Erdag, "Turkish-Islamic Feminism Confronts National Patriarchy: Halide Edib's Divided Self," *Journal of Middle East Women's Studies*, 9 (2), 2013, pp. 32–57, 123.

Guillaume, Alfred, *Life of Muhammad: A Translation of Ibn Ishaq's Sirat RasulAllah* (Pakistan: Oxford University Press, 1955, 1967).

Hambly, Gavin R. G. (ed.), *Women in the Medieval Islamic World: Power, Patronage, and Piety* (New York, NY: St. Martin's Press, 1998).

Hasan, Mushirul, *Between Modernity and Nationalism: Halide Edip's Encounter with Gandhi's India* (New Delhi: Oxford University Press, 2010).

Haylamaz, Reşit, *Khadija: The First Muslim and the Wife of the Prophet Muhammad*, tr. Hü lya Coşar (Somerset, NJ: Light, 2007).

Humphreys, R. Steven, *From Saladin to the Mongols: The Ayyubids of Damascus 1193–1260* (Albany, NY: State University of New York Press, 1977).

Husayn, Al-Hamdani, "The Life and Times of Queen Saiyidah Arwa the Sulaihid of the Yemen," *Journal of the Royal Central Asian Society*, 18, 1931, pp. 505–17.

Hussain, M. K., *Catalogue of Coins of the Mughal Emperors* (Bombay: Department of Archaeology, Government of Maharashtra, 1968).

Ibn Sa'd, Abu 'Abd-Allah Muhammad (ca. 784–845), *The Women of Madina*, tr. Aisha Bewley (London: Ta-Ha, 1995).

Jahangir, *The Jahangirnama: Memoirs of Jahangir, Emperor of India*, tr. Wheeler M. Thackston (Smithsonian Institution, Oxford University Press, 1999).

Kamp, Marianne, "Debating Sharia: The 1917 Muslim Women's Congress in Russia," *Journal of Women's History*, 27 (4), 2015, pp. 13–37, 205–6.

Kanlidere, Ahmet, *Reform within Islam: The Tajdid and Jadid Movement among the Kazan Tatars (1809–1917)* (Istanbul: Eren, 1997).

Kashani-Sabet, Firoozeh, "Who Is Fatima? Gender, Culture, and Representation in Islam," *Journal of Middle East Women's Studies*, 1 (2), 2005, pp. 1–24.

Kefeli, Agnés Nilüfer, *Becoming Muslim in Imperial Russia: Conversion, Apostasy, and Literacy* (Ithaca, NY; London: Cornell University Press, 2014).

Keller, Shoshana, *To Moscow, Not Mecca: The Soviet Campaign against Islam in Central Asia* (Westport, CT: Praeger, 2001).

Khalid, Adeeb, *The Politics of Muslim Cultural Reform: Jadidism in Central Asia* (Berkeley, CA, Los Angeles, CA, and Oxford: University of California Press, 1999).

Khan, Sher Banu A. L., *Sovereign Women in a Muslim Kingdom: The Sultanahs of Aceh, 1641–1699* (Singapore: National University of Singapore Press, 2017).

Knysh, Alexander D., *Al-Qushayri's Epistle on Sufi sm: Al-Risala al-Qushayriyya fi 'ilm al-tasawwuf by Abu 'l-Qasim al-Qushayri*, tr. Alexander D. Knysh and reviewed by Muhammad Eissa (Reading, UK: Garnet Publishing, 2007).

Köksal, Duygu, and Falierou, Anastasia (eds), *A Social History of Late Ottoman Women: New Perspectives* (Boston, MA: Brill, 2013).

Lal, Ruby, *Empress: The Astonishing Reign of Nur Jahan* (New York, NY: W.W. Norton & Company, 2018).

Lazzerini, Edward J., "Gadidism at the Turn of the Twentieth Century: A View from Within," *Cahiers du Monde russe et soviétique*, 16 (2), 1975, pp. 245–77.

Lebbady, Hasna, *Feminist Traditions in Andalusi-Moroccan Oral Narratives* (New York, NY: Palgrave Macmillan, 2009).

———, "Women in Northern Morocco: Between the Documentary and the Imaginary," *Alif: Journal of Comparative Poetics*, 32, 2012, pp. 127–150.

Levanoni, Amalia, "Sagar Ad-Durr: A Case of Female Sultanate in Medieval Islam," in U. Vermeulan and D. De Smet (eds), *Egypt and Syria in the Fatimid, Ayyubid and Mamluk Eras*, vol. III (Leuven: Peeters Publishers, 2001), pp. 209–18.

Lohman, Laura, *Umm Kulthum: Artistic Agency and the Shaping of an Arab Legend, 1967–2007* (Middletown, CT: Wesleyan University Press, 2010).

Maalouf, Amin, *The Crusades Through Arab Eyes*, tr. Jon Rothschild [Fr. Orig., *Les Croisades vues par les Arabes* (1983)] (London: Al Saqi Books, 1986).

Mack, Beverly B., *One Woman's Jihad: Nana Asma'u, Scholar and Scribe* (Bloomington, IN: Indiana University Press, 2000).

Madelung, Wilferd, *The Succession to Muhammad: A Study of the Early Caliphate* (Cambridge, UK and New York, NY: Cambridge University Press, 1997).

Mahmoud, Saba, *Politics of Piety: The Islamic Revival and the Feminist Subject* (Princeton, NJ: Princeton University Press, 2005).

Mardin, Serif, *The Genesis of Young Ottoman Thought; a Study in the Modernization of Turkish Political Ideas* (Princeton, NJ: Princeton University Press, 1962).

Massell, Gregory J., *Surrogate Proletariat: Moslem Women and Revolutionary Strategies in Soviet Central Asia, 1919–1929* (Princeton, NJ: Princeton University Press, 1974).

Mathee, Rudi, *Pursuit of Pleasure: Drugs and Stimulants in Iranian History, 1500–1900* (Princeton, NJ: Princeton University Press, 2009).

Membrè, Michele, *Mission to the Lord Sophy of Persia (1539–1542)*, tr. A. H. Morton (London: University of London, 1993).

Mernissi, Fatima, *The Veil and the Male Elite: A Feminist Interpretation of Women's Rights in Islam*, tr. Mary Jo Lakeland (Reading, MA: Addison-Wesley Publishing Company, 1991).

———. *The Forgotten Queens of Islam* (Cambridge, UK, and Malden, MA: Polity Press, 1993).

Minorsky, Vladimir, *Tadhkirat al-Muluk: A Manual of the Safavid Administration* (London, 1943).

Momen, Moojan, "Usuli, Akhbari, Shaykhi, Babi: The Tribulations of a Qazvin Family," *Iranian Studies*, 36 (3), 2003, pp. 317–37.

Monshi-Turkaman, Eskandar Beg, *History of Shah 'Abbas the Great*, 2 vols, tr. Roger M. Savory (Boulder, CO: Westview Press, 1978).

Mottahedeh, Negar, "The Mutilated Body of the Modern Nation: Qurrat al-'Ayn Tahira's Unveiling and the Iranian Massacre of the Babis," *Comparative Studies of South Asia, Africa, and the Middle East*, 18, 1998, pp. 38–50.

Nakhjavani, Bahiyyih, *The Woman Who Read Too Much* (Stanford, CA: Redwood Press, 2015).

Nashat, Guity and Beck, Lois (eds), *Women in Iran from the Rise of Islam to 1800* (Urbana, IL: University of Illinois Press, 2003).

Nicholson, R. A., *A Literary History of the Arabs* (Cambridge, UK: Cambridge University Press, 1930).

Ozturkmen, Arzu, "The Women's Movement under Ottoman and Republican Rule: A Historical Reappraisal," *Journal of Women's History*, 25 (4), 2013, pp. 255–64.

Pasha, Kamran, *Mother of the Believers: A Novel of the Birth of Islam* (New York, NY: Washington Square Press, 2009).

Pedani, Maria Pia, "Safi ye's Household and Venetian Diplomacy," *Turcica*, 32, 2000, pp. 9–32.

Peirce, Leslie Penn, "Shifting Boundaries: Images of Ottoman Royal Women in the 16th and 17th Centuries," *Critical Matrix: Princeton Working Papers in Women's Studies*, 4, 1988, pp. 43–82.

———, *The Imperial Harem: Women and Sovereignty in the Ottoman Empire* (New York, NY: Oxford University Press, 1993).

———, *Empress of the East: How a European Slave Girl Became Queen of the Ottoman Empire* (New York, NY: Basic Books, 2017).

Polo, Marco, *The Travels of Marco Polo*, tr. W. Marsden (London: J.M. Dent and Sons Limited, 1926).

Qushayri (ca. 1055). See Knysh 2007.

Reid, Anthony, "Female Roles in Pre-Colonial Southeast Asia," *Modern Asian Studies*, 22 (3), 1988, pp. 629–645.

Robinson, Chase F., *Islamic Civilization in Thirty Lives: The First 1,000 Years* (Berkeley, CA: University of California Press, 2016).

Roded, Ruth, *Women in Islamic Biographical Collections: From Ibn Sa'd to Who's Who* (Boulder, CO, and London: Lynne Rienner Publishers, Inc., 1994).

Ruffl e, Karen, "May You Learn from Their Model: The Exemplary Father-Daughter Relationship of Mohammad and Fatima in South

Asian Shiism," *Journal of Persianate Studies*, 4 (1), 2011, pp. 12–29.

Rustow, Marina, "A Petition to a Woman at the Fatimid Court (413–414

A.H./1022–23 C.E.)." *Bulletin of the School of Oriental and African Studies*, 73 (1), 2010, pp. 1–27.

Sayeed, Asma, *Women and the Transmission of Religious Knowledge in Islam* (New York, NY: Cambridge University Press, 2013).

Schimmel, Annemarie, *Mystical Dimensions of Islam* (Chapel Hill, NC: University of North Carolina Press, 1975).

——— *My Soul is a Woman: The Feminine in Islam*, tr. Susan H. Ray (New York, NY: Continuum, 1997).

Shariati, Ali, *Ali Shariati's Fatima is Fatima*, tr. Laleh Bakhtiar (Tehran: Shariati Foundation, 1981).

Smith, Margaret, *The Life and Work of Rabi'a and Other Women Mystics in Islam* (Oxford: Oneworld Publications, 1994), revised form of a book originally published by Cambridge University Press, 1928.

Spellberg, Denise A., *Politics, Gender, and the Islamic Past: The Legacy of 'A'isha bint Abi Bakr* (New York, NY: Columbia University Press, 1994).

Staffa, Susan J. "Dimensions of Women's Power in Historic Cairo," in Robert Olson et al. (eds), *Islamic and Middle Eastern Societies: A Festschrift in Honor of Professor Wadie Jwaideh* (Brattleboro: Amana Books, 1987), pp. 62–99.

Suleman, Fahmida (ed.), *People of the Prophet's House: Artistic Ritual Expressions of Shi'i Islam* (London: Azimuth Editions in association with The Institute of Ismaili Studies, in collaboration with the British Museum's Department of the Middle East, 2015).

Szuppe, Maria "The 'Jewels of Wonder': Learned Ladies and Princess Politicians in the Provinces of Early Safavid Iran," in Gavin R. G. Hambly (ed.), *Women in the Medieval Islamic World* (Gordonsville, VA: Palgrave Macmillan, 1999), pp. 325–347.

———, "Status, Knowledge, and Politics: Women in Sixteenth-Century Safavid Iran," in Nashat and Beck (eds), *Women in Iran*, pp. 140–169.

Thurlkill, Mary F., *Chosen among Women: Mary and Fatima in Medieval Christianity and Shi'ite Islam* (Notre Dame, IN: University of Notre Dame Press, 2007).

Traboulsi, Samer, "The Queen was Actually a Man: Arwā Bint Aḥmad and the Politics of Religion," *Arabica*, 50 (1), 2003, pp. 96–108.

Verde, Tom, "Sayyida al-Hurra," *Aramco World*, 2017, pp. 34–37.

Walther, Wiebke, *Women in Islam: From Medieval to Modern Times*, 3rd edn, tr. Guity Nashat (Princeton, NJ: Markus Wiener Publishing, 1993).

Watt, William Montgomery, *Muhammad at Mecca* (Oxford: Clarendon Press, 1953).

———, *Muhammad at Medina* (Oxford: Clarendon Press 1956).

Winter, Michael, and Levanoni, Amalia (eds), *The Mamluks in Egyptian and Syrian Politics and Society* (Boston, MA: Brill, 2004).

Yamani, Ahmad Zaki, *The House of Khadeejah Bint Khuwaylid (may Allah be pleased with her) in Makkah al-Mukarramah: A Historical Study of its*

Location, Building, and Architecture (London: Al-Furqan Islamic Heritage Foundation, 2014).

Zarandi, Nabil, *The Dawn Breakers: Nabil's Narrative of the Early Days of the Baha'i Revelation,* tr. Shoghi Effendi (Wilmette, IL: Baha'i Publishing Trust, 1974).

Zaydan, Jurji, *Tree of Pearls, Queen of Egypt*, tr. Samah Selim (Syracuse, NY: Syracuse University Press, 2012).

Zeynep, Basil Saydun, *Construction of Nationalism and Gender in Halidé Edib's Autobiographical Writings: Memoirs of Halidé Edib and The Turkish Ordeal* (Trier: WVT Wissenschaftlicher Veriag Trier, 2008).

Zurcher, Eric, *Turkey: A Modern History* (London: I.B. Tauris & Co Ltd, 2004).

認識伊斯蘭04

面紗之下

二十一位女性的伊斯蘭世界史

A History of Islam in 21 Women

作　　者	胡塞因・卡瑪利（Hossein Kamaly）
翻　　譯	苑默文
編　　輯	邱建智
協力編輯	黃楷君
校　　對	魏秋綢
封面設計	蕭旭芳
企劃總監	蔡慧華
社　　長	郭重興
發行人兼出版總監	曾大福
出版發行	八旗文化／遠足文化事業股份有限公司
地　　址	新北市新店區民權路108-2號9樓
電　　話	02-22181417
傳　　真	02-86671065
客服專線	0800-221029
信　　箱	gusa0601@gmail.com
Facebook	facebook.com/gusapublishing
Blog	gusapublishing.blogspot.com
法律顧問	華洋法律事務所／蘇文生律師
印　　刷	前進彩藝有限公司
定　　價	450元
初版一刷	2022年（民111）8月
ISBN	978-626-7129-41-8（紙本） 978-626-7129-60-9（PDF） 978-626-7129-61-6（EPUB）

國家圖書館出版品預行編目（CIP）資料

面紗之下：二十一位女性的伊斯蘭世界史／胡塞因・卡瑪利(Hossein Kamaly)著；苑默文譯. -- 初版. -- 新北市：八旗文化出版：遠足文化事業股份有限公司發行, 民111.08
面；　公分. --（認識伊斯蘭；4）
譯自：A History of Islam in 21 women
ISBN 978-626-7129-41-8（平裝）

1.CST: 女性傳記　2.CST: 伊斯蘭教　3.CST: 世界史

781.052　　　111008573